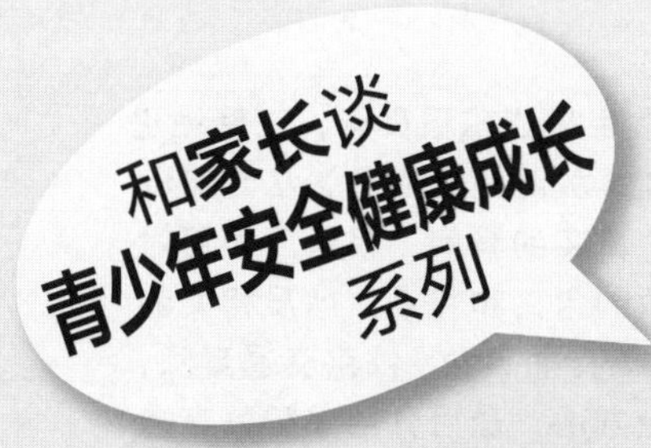

JIAOTONG SHIGU FANGFAN YU YINGJI

交通事故防范与应急

时杰　主编

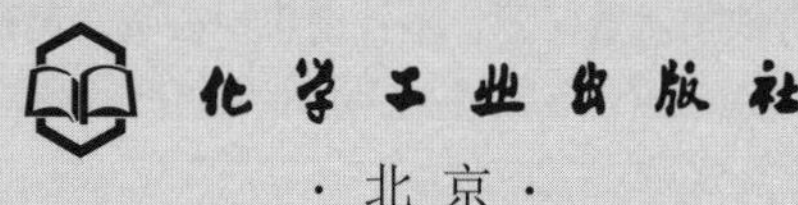

·北京·

内容提要

在交通事故频发的今天，如果大家在事故发生后能积极反应，正确地进行现场自救与互救，就能挽回一定损失。《交通事故防范与应急》从六起令人警醒的交通事故案例讲起，阐述了面对一个个真实的案例，家长应如何对青少年进行交通安全教育；接着介绍了交通事故的含义和特点，以及相关的交通安全知识；还重点讲述了公路交通事故，水上交通事故，铁路交通事故，空中交通事故等各类交通事故的应急自救和互救方法；最后介绍了相关交通事故法律法规常识。

本书结合社会新闻，故事性与知识性并重。既可作为家长以及教师对青少年开展交通安全教育的范本，也可作为各类人群的交通事故应急自救手册。

图书在版编目（CIP）数据

交通事故防范与应急 / 时杰主编 .-- 北京：化学工业出版社，2016.2（2023.1 重印）
（和家长谈青少年安全健康成长系列）
ISBN 978-7-122-26066-6

Ⅰ. 交… Ⅱ. ①时… Ⅲ. ①交通事故－事故预防－青少年读物 Ⅳ. ① U491.3-49

中国版本图书馆 CIP 数据核字（2016）第 011576 号

责任编辑：袁海燕　　文字编辑：李　曦
责任校对：宋　夏　　装帧设计：王晓宇

出版发行：化学工业出版社（北京市东城区青年湖南街 13 号　邮政编码 100011）
印　　刷：北京云浩印刷有限责任公司
装　　订：三河市振勇印装有限公司
710mm×1000mm　1/16　印张 7　字数 99 千字　2023 年 1 月北京第 1 版第 3 次印刷

购书咨询：010-64518888　　售后服务：010-64518899
网　　址：http://www.cip.com.cn
凡购买本书，如有缺损质量问题，本社销售中心负责调换。

定价：29.80 元

编写人员

主编： 时杰

参编人员：

张付萌	韩万喜	苏志金	袁心蕊
阮元龙	赵文杰	席守煜	张期全
范小波	马艳霞	李悠然	王　成

前言

大家都知道，在过去经济不发达的时候，人群的死亡原因主要是因为疾病；而在经济高度发达，交通飞速发展，车辆暴增的今天，我国意外交通事故导致的死亡率已排在了世界第一位。在交通事故频发的今天，有些事故无法避免，但有些事故，如果能提前做好防范，或者事故后能正确地进行现场自救与互救，就能完全避免这些悲剧的发生。作为家长，最担心的就是孩子的安全问题，家长也有义务，有责任监护青少年安全成长。青少年作为交通参与者的一部分，其身心各方面都还不够成熟，就更需要家长的引导和帮助，使他们掌握必要的交通安全防范和自救知识。

为此，我们精心编写了这本《交通事故防范与应急》，本书站在家长的角度，针对青少年的特点对症下药，将正确的交通行为用简洁、通俗易懂的语言文字和图片的形式进行讲述。并且尽量搜集涉及青少年违反交通法律法规而导致的交通事故案例，让广大青少年更加真切地认识到掌握交通安全知识，遵守交通法规的重要性。总之，希望通过我们的努力，在广大教师和家长的配合下，让更多的青少年掌握逃生避险、自救互救的知识与方法，让每一个青少年都能远离灾难，健康快乐成长！

编者

2016年1月

目录

第一章
令人警醒的交通事故

案例一 “死亡之歌”

案例二 “逃逸的马路杀手”

案例三 “天网恢恢，疏而不漏”

案例四 “摩托车夺命惊魂”

案例五 “近路与末路”

案例六 “闹剧变悲剧”

案例一

“死亡之歌”

2014 年 3 月 8 日下午，四川成都西大街发生了一场车祸，一名戴耳机的女子被当场撞死……

当日下午，有两名女子在红灯状态下从路边向“街中安全岛”走了过去，一名头戴耳机听 MP3 的女子就跟在这两名女子后面几米远。当时路上没有车，三人不紧不慢走到路中。走的过程中，听 MP3 的女子几乎没有转头查看道路情况，只是跟在别人后面走着。而“安全岛”边上，有人已经走到“岛”外，身体进入机动车道。

就在前两名女子即将迈上“安全岛”的时候，一辆奥迪车出现在路中，在人行道边慢了下来。当她们靠近“安全岛”的位置时，奥迪车却突然加速疾驶而来。大约在距离人行道十余米处时，前面两名女子看到来车迅速跳进“安全岛”。奥迪车先慢后快，估计是想从听 MP3 女子和“安全岛”中间的空档冲过去。听 MP3 的女子几乎在奥迪车加速的一瞬间突然跑了两步，被奥迪车撞飞起来，落地时头部着地当场死亡。

案例二

“逃逸的马路杀手”

2014 年 11 月 1 日 15 时 50 分左右，在内蒙古自治区呼和浩特市石羊桥路与鄂尔多斯西街交会路口处附近，发生一起交通事故，一辆黑龙江牌照的白色本田车在连撞 6 辆车后驾车逃逸，事故发生后，交警和市民联手将肇事逃逸的车辆围堵在一条死胡同内，并将驾驶人抓获。令人惊讶的是，该驾驶人只有 15 岁，且系无证驾驶。

据悉，当时正在鄂尔多斯西街与锡林南路交会路口执勤的玉泉区交管大队一中队的民警，突然听到对讲机内传来了急切的声音，说一辆车牌照为黑 A×××× 的白色本田车由西向东行驶，连续撞了 6 辆车后，驾车逃逸。收到信息后，民警们立即将由西

向东的交通信号灯控制为红灯，随后对由西向东的车辆进行检查。“我们正在对路边的车辆进行排查的时候，发现有一辆损坏严重的本田车飞快地从非机动车道驶来，当时非机动车道有行人，我急忙将行人推开，示意车辆停车，但是该车根本没有减速的意思，我立即闪开，车辆从我手臂擦着就过去了。”民警苗某回忆道。

看到这一情况，苗某当即拦截了后面的一辆面包车，上车和司机沟通后，立即跟随前面的车辆，同时通过对讲机与其他民警联系。据苗某介绍，面包车司机也很配合，在路上，他们还不敢追得太快，担心前面车辆的驾驶人着急，再度发生事故，那么后果将不堪设想。后来可能因为不熟悉路况，前面的本田车开到了锡林南路碧海云天后的万盛佳园小区里的一条死胡同，民警让本田车的驾驶人接受检查，查明正是他驾驶车辆连撞六车逃逸，将其抓获。

据了解，白色本田车的驾驶人当时只有15岁，没有驾驶证，经过检查，只是无证驾驶，没有酒驾、毒驾等其他违法行为。

案例三

“天网恢恢，疏而不漏”

安徽省安庆市枞阳县一名年仅14岁的女生骑电动车撞倒了一位80多岁的老人，女生当场逃逸，老人次日不治死亡。害怕女儿担责，女生母亲冒充肇事者向警方投案自首。

2013年1月25日下午，义津镇杨湾发生一起交通事故，一位 80 多岁老人被电动车撞死。1 月 31 日上午 8 时，当地一名 44 岁的中年妇女邹某来到派出所：“我来投案自首，我骑车撞死人了。”邹某的交代和事故情况吻合，肇事电动车也从邹某家后院库房取获，试验、比对成功。邹某当即被依法刑事拘留。

邹某投案后，没有常人如释重负的表现，民警觉得应该还有隐情。据一位驾驶员称，当日下午两点多钟，邹某在杨湾街道上坐他的车回去的。邹某不是肇事逃逸行为人。后民警再次讯问，母女二人交代，1 月 26 日，邹某和儿子、女儿一起去母亲家，午饭后邹某一个人挑棉被步行，女儿骑电动车带弟弟回家。邹某回家后听女儿讲车子撞人了，害怕女儿承担责任，误了读书和前程，顶替女儿投案。由于肇事女孩未达到 16 周岁系相对刑事责任能力人，交通肇事不负担刑事责任，所以其母亲也构不成包庇罪，被警方释放，面对她们的将是民事赔偿责任和相应的行政处罚。

2014 年 2 月 25 日，在陕西省西安市郊区的航月路上，一辆

行驶的摩托车在转弯时，与路沿相剐后冲上了路边的电线杆，摩托车上的两名人员当场死亡。这两名死者均是某高中的学生，年纪都只有 15 岁。

3 月 17 日晚 10 时 20 分左右，在广西柳州市旧机场开发区的航四路与航生路交叉路口发生一起惨剧，一辆从航四路往门头路方向行驶的大货车，与一辆从航生路往南环路方向行驶的摩托车在路口中央相撞，造成摩托车上的两名男子当场身亡。死者也都是学生，年仅 17 岁，开的摩托车是一辆套牌的大排量摩托车。

以上两起事故的驾驶人有三个共同的特点：第一，都是未满 18 岁的青少年；第二，都没有取得机动车驾驶证；第三，死者所开的摩托车都是亲戚或朋友的。

案例五

“近路与末路”

2011年4月中旬，陕西省西安市某中学初一的女生陈某下午放学回家。为抄近路回家，陈某没有走过街天桥，而是从人行护栏的缺口处进入了行车道。突然从道路左侧驶来一辆汽车，司机无奈紧急刹车并使车尾横在了公路上。此时，道路的右侧又有一辆大客车驶过，两车相会当场将陈某夹在了中间，这一重大的冲击将陈某躯体瞬间碾碎。

案例六

“闹剧变悲剧”

2010年3月一个星期天的上午，15岁的男生何某与11岁的表兄弟刘某两人合骑一辆自行车出行。当时，何某骑车带着刘某，在一个大下坡路上玩耍。忽然，背后有汽车驶来。惊慌失措的何某操控着车把左右摇摆。当车子从他们身边驶过时，搭载两人的自行车竟向着汽车倒去！自行车被压，何某当场死亡，他的表弟刘某也于次日清晨死亡。

第二章
家长如何对青少年进行安全教育

第一节

青少年的生命安全时刻受到严重威胁

由于家长和学校教育主管部门评价一所学校教育质量的优劣，关注的重点是孩子的学习成绩，评价的主要指标是看学生考入各类重点学校的比例，因而常常忽视学生的生命安全教育。致使一些未成年人生命安全意识淡薄，自我保护意识不强，伤亡事故频发，给孩子、家长、学校、社会造成了无法弥补的损失。青少年的生命安全时刻受到严重威胁。

据报道，在意外事故中，以车祸占首位，占意外死亡总数的50%以上。仅以汽车交通事故为例，全世界因交通事故而死亡的人数已超过3000万人，比世界大战所死亡的人数还多。在交通事故中，以青少年的死亡人数最多，其次为老年人。值得指出的是：不论是发达国家还是发展中国家的资料均表明，自行车交通事故所导致的伤亡，儿童、青少年是其高危人群。据估计，当今世界每年死于车祸的人数为25万～30万人，受伤者约3000万人，永久性伤残者约300万人。WHO在一份报告中指出，因车祸而死亡的人数以15～24岁的青少年居多，且比例仍在继续增加。我国城市每万辆车死亡率为10.8人左右，与国外相比较，为日本的26.5倍；美国的17.8倍。若以万辆车的死亡率作比较，则我国车祸的发生率和死亡率皆居世界之首位。

据世界卫生组织统计，每年有18万以上的15岁以下儿童死于道路交通事故，数十万的儿童致残。交通事故在青少年发生意外伤害死亡中占首位原因。车祸后果轻重不一，多见头部受伤、骨折、内脏出血、休克、死亡。在步行交通事故中，危险人群为5～9岁儿童；在驾车事故中，危险人群是10～14岁儿童和15～24岁青少年。

第二节

青少年交通事故多发的原因

一、法制观念和意识淡薄，自我保护意识差

青少年在交通活动中往往盲目自信，想跑就跑，想走就走，想过马路就立即横穿，往往令正常行驶的车辆猝不及防。特别是初中毕业后进城或到外地打工的青少年，对于变换地点后的交通环境更是无所适从，存在很大的盲目性。况且他们的交通安全常识尤其缺乏，从学校教育得到这方面的内容极少，在课外，作为家长自己懂得的也有限，谈不上去教育，职能部门人员有限，就是有打算加强安全教育也是力不从心。

二、好奇心强，敢于冒险

当前，青少年存在的主要违法行为有：过马路时随意抢道；在车辆临近时突然横穿道路；骑车在公路上互相追逐、嬉闹玩耍等；乘坐无牌无证、超员、超载车和农用车、摩托车等。青少年好奇心和侥幸心强，易于产生盲目的冲动和冒险行为。如与车辆赛跑、骑车撒把、追车扒车、骑车嬉戏、偷开机动车等，加之幼稚心理使他们遇事不冷静，对后果估计不足，从而诱发交通事故。

三、交通工具的多样化与使用者的技能不相适应

部分家长为了让孩子少走路、节省时间等多方面原因给自己的子女配备了自行车，高年级的学生，家长有的还给子女配备了电瓶车。在农村，青少年节假日和课余时间要经常帮助家人干活，有的家长放任青少年无证驾驶机动车，更有甚者认为年龄越小会开机动车是一种炫耀的资本。这些青少年群体由于生理上尚未成熟，心理也常常处于不稳定的状态中，他们走路、骑车时，往往把危险抛在脑后，加之驾驶这些并不适应自己年龄使用的交通工具，在技能的掌握上不能驾轻就熟，遇到复杂情况时，不能及时处理，直接威胁到其他交通参与者的正常活动，成为交通安全的一大隐患。

四、学校管理上有漏洞，家长监护不力

学校方面：在片面追求升学率的今天，各中、小学校都以学生升入重点中学或考入重点大学的人数多少作为衡量教育质量的唯一标准，教育导向的错误，必然造成管理重心的偏移，因而不可避免地出现学校忽视学生交通安全的问题。

家长方面：有的家长因忙于工作，对孩子严重缺乏管教，谈不上教育了，更谈不上进行交通安全教育。

第三节

家长如何对青少年进行安全教育

一、法制观念和意识淡薄，自我保护意识差

苏霍姆林斯基说过：“没有家庭教育的学校教育和没有学校教育的家庭教育，都不可能完成培养人这一细致而复杂的任务。”

家长对未成年人全面发展的作用重大，但长期以来，家长教育的重要性不被国家、社会和学校重视，甚至不被家长自己所重视。这不利于家庭、学校与社会齐心协力培养人，严重影响了未成年人的全面发展。对学生进行安全教育是一项长期而艰巨的任务，既是学校教育的重中之重，也是家长教育的重中之重，只有家长、学校联合起来才是对学生进行生命安全教育的有效途径。

二、家长应该成为孩子生命安全教育的守护神

孩子的安全事关每一个家庭的未来，在举国上下日益重视学生安全工作的今天，家长应该以孩子的安全为重，并且根据自己孩子的性格特点，在涉及安全的各个方面做好安全教育和监护工作。牢固树立“安全第一”的思想，加强防范意识，共同营造平安、健康、和谐育人的氛围。

家长对孩子生命安全教育负有重要责任。家长是孩子的第一任老师，对孩子一生的成长有着举足轻重的作用。家长对孩子生命安全教

育影响深远，家长对孩子的生命安全教育是长期的，持续的。随着青少年的快速成长，对社会各种信息的大量接触，单纯的孩子难以对复杂的社会形成正确的认识。这时就需要家长来教育孩子哪些事该做，哪些事不该做，进一步教导孩子认识什么是真善美，什么是假丑恶。让孩子知道：一个人来到这个世界上是不容易的，母亲经历了多少痛苦，父母花费了多少心血，社会也为一个个孩子的健康成长投入了巨大资源。一个人并不是孤立的自我，而是社会的细胞，家庭的重要组成部分。遵纪守法，品学兼优，珍惜生命，乐于助人，就会成为一个受人尊敬，对社会有贡献的人。

家长是孩子最亲密、最信赖的人，家长的教育是无以替代的，影响是终身的。

三、具体措施

（3）家长要正确地引导青少年做好防范工作。

（4）家长应帮助青少年掌握应急自救的方法。

（5）家长应教育青少年正确、适当地对他人进行救援。

（6）家长特别要重视和发挥榜样的作用。

第三章 关注交通安全

第一节

关注交通安全的意义

生命诚可贵，对每个人来说，生命也只有一次，所以人们都应百倍地爱惜生命，然而生命是茫茫人海中的个体，要使之生存，就要与周围发生关系，有所依存。衣、食、住、行，是人们生活中的四件大事，是生命得以存在的前提。“行”就是交通。随着社会的高速发展，时代的进步，交通与人们的生活已越来越密切了。不可否认，交通给人们带来了极大的方便，但也给人们带来很大的不幸，而这不幸是不自觉遵守交通规则、交通安全知识的贫乏、交通安全意识淡薄惹的祸。

交通安全知识的贫乏，交通安全意识的淡薄催生了一幕幕的惨剧：有的人因开快车，而失去了宝贵的生命；有的人因车祸而至伤致残。这悲剧既给他人带来不幸，也给自己和家人带来极大的痛苦。据公安交通管理部门提供的调查统计资料表明，全国每天至少有10多名学生在车轮下丧生，30多名学生因交通事故受重伤致残，相当于每天伤亡一个班的学生。

中小学生交通事故增多，一方面是因为车辆骤增、道路狭窄、交通环境复杂等诸多不利因素；另一方面，则是一部分学生交通安全意识不强，甚至缺少起码的交通安全意识，其交通行为既不愿意，也不懂得受交通法规的约束，结果违章肇事。交通法规是人们行车、走路应共同遵守的法律规范。中小学生从小就应该学习和掌握交通安全常识，养成遵守交通法规的良好习惯，自觉培养对自己生命安全、家庭幸福的责任心。

一桩桩车祸不仅给国家和集体造成了损失，给个人带来了灾难，而且给家庭带来了痛苦。“前车之鉴，后事之师”，我们应该自觉遵守交通规则，按规定的路线方向行驶，不闯红灯，不超速，不随便横穿马路，让我们养成文明骑车、文明乘车、文明走路的良好习惯，这样才能确保我们生命的安全。

青少年是我们的未来。交通安全关系着孩子们的健康成长和生命安全，需要全社会的关注和重视。保护青少年健康成长是社会的共同任务。《中华人民共和国道路交通安全法》规定了“教育行政部门、学校应当将道路交通安全教育纳入法制教育的内容”。开展中小学安全教育是造福下一代的“造福工程”，是利在当今，功在千秋的“利民工程”。

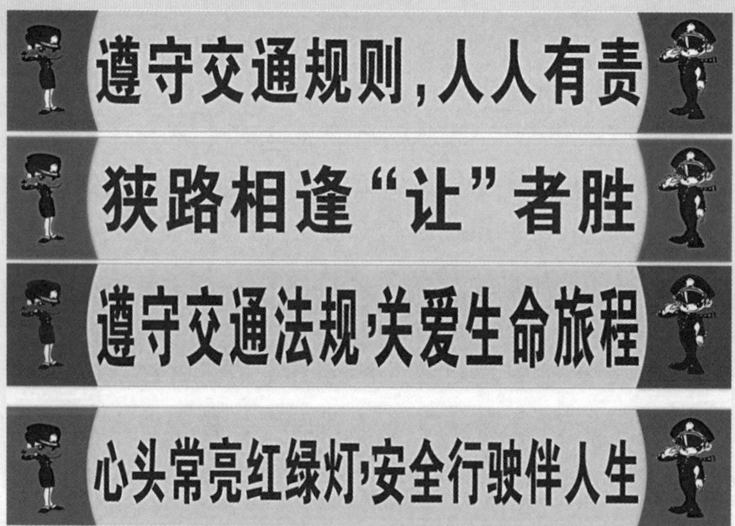

第二节

认识交通事故的严重性

一、交通事故的定义

交通事故，是指车辆在道路上因过错或者意外造成人身伤亡或者财产损失的事件。构成交通事故应当具备下列要素：

(1) 必须是车辆造成的。车辆包括机动车和非机动车，没有车辆就不能构成交通事故，例如，行人与行人在行进中发生碰撞的就不构成交通事故。

(2) 是在道路上发生的。道路是指公路、城市道路和虽在单位管辖范围但允许社会机动车通行的地方。包括广场、公共停车场等用于公众通行的场所。

(3) 在运动中发生。是指车辆在行驶或停放过程中发生的事件，若车辆处于完全停止状态，行人主动去碰撞车辆或乘车人上下车的过程中发生的挤、摔、伤亡的事故，则不属于交通事故。

(4) 有事态发生。是指有碰撞、碾压、刮擦、翻车、坠车、爆炸、失火等其中的一种现象发生。

(5) 造成事态的原因是人为的。是指发生事态是由于事故当事者（肇事者）的过错或者意外行为所致。如果是由于人无法抗拒的各种自然灾害造成的，均不属于交通事故。

(6) 必须有损害后果的发生。损害后果仅指直接的损害后果，且是物质损失，包括人身伤亡和财产损失。

(7) 当事人心理状态是过失或有其他意外因素。若当事人心理状态出于故意，则不属于交通事故。

二、交通事故的引发因素

1. 客观因素

道路、气象等原因，也可引起事故发生。

2. 车况不佳

车辆技术状况不良，尤其是制动系统、转向系统、前桥、后桥有故障，没有及时检查、维修。

3. 疏忽大意

当事人由于心理或者生理方面的原因，没有正确观察和判断外界事物而造成精力分散、反应迟钝，表现为观望不周、措施不及或者不当。还有当事人依靠自己的主观想象判断失误或者过高估计自己的技术，过分自信，对前方、左右车辆、行人形态、道路情况等，未判断清楚就盲目通行。

4. 操作失误

驾驶车辆的人员技术不熟练，经验不足，缺乏安全行车常识，未掌握复杂道路行车的特点，遇有突发情况惊慌失措，发生操作错误。

5. 违反规定

当事人由于不按交通法规和其他交通安全规定行车或者走路，致使交通事故发生。如酒后开车、非驾驶人员开车、超速行驶、争道抢行、违章装载、超员、疲劳驾驶、行人不走人行横道等原因造成交通违法的交通事故。

常见城市交通事故

引发原因	比例
客观因素	30%
车况不佳	13%
疏忽大意	15%
操作失误	22%
违反规定	20%

三、交通事故的分类

按后果分类

1. 轻微事故

轻微事故是指一次造成轻伤 1 ～ 2 人，或者财产损失的数额中机动车事故不足1000 元，非机动车事故不足200 元的事故。

2. 一般事故

一般事故是指一次造成重伤 1 ～ 2 人，或者轻伤 3 人以上，或者财产损失不足 3 万元的事故。

3. 重大事故

重大事故是指一次造成死亡 1 ～ 2 人，或者重伤 3 人以上 10 人以下，或者财产损失 3 万元以上不足 6 万元的事故。

4. 特大事故

特大事故是指一次造成死亡 3 人以上，或者重伤 11 人以上，或者死亡 1 人，同时重伤 8 人以上，或者死亡 2 人，同时重伤 5 人以上，或者财产损失 6 万元以上的事故。

按原因分类

1. 主观原因

主观原因指造成道路交通事故的当事人本身内在的原因，即主观故意或过失，主要包括：违反规定、疏忽大意、操作技术等方面的错误行为。

2. 客观原因

客观原因指由于车辆、道路、环境条件（包括气候、水文、环境等）不利因素而引发的交通事故。

按交通工具分类

1. 机动车事故

机动车事故指在事故当事方中机动车负主要以上责任的事故；但在机动车与非机动车或行人发生的事故中，机动车负同等责任的，也应视为机动车事故。

2. 非机动车事故

非机动车事故指畜力车、三轮车、自行车等非机动车辆负主要以上责任的事故。

3. 行人事故

行人事故指事故当事方中行人负主要以上责任的事故。

四、交通事故的危害

自从1886年汽车诞生至今，汽车给人们带来的利益与其带来的问题同样多。美国著名学者乔治·威伦研究了美国和其他一些国家的交通、消防与犯罪的问题后通过其著作《交通法院》告知世人："人们应该承认，交通事故已经成为今天国家最大的问题之一。它比消防问题更加严重，这是因为每年交通死亡的人数日渐增多，遭受的财产损失更大；它比犯罪问题更加严重。这是因为交通事故跟整个人类有关，不管是强者还是弱者、富人还是穷人、聪明人还是愚蠢人，每一个男人、女人、孩子，只要他们在街道或公路上，每一分钟都可能遭遇交通事故。"

第四章 掌握交通安全知识

第一节 车辆
第二节 交通信号
第三节 交通安全知识——行人篇
第四节 交通安全知识——骑行篇
第五节 交通安全知识——乘车篇

车辆

1. 车辆的定义

《中华人民共和国道路交通安全法》第一百一十九条规定如下。

车辆——是指机动车和非机动车。

机动车——是指机动车动力装置驱动或者牵引，上道路行驶的供人员乘用或者用于运送物品以及进行工程专项作业的轮式车辆。

非机动车——是指以人力或者畜力驱动，上道路行驶的交通工具，以及虽有动力装置驱动但设计最高时速、空车质量、外形尺寸符合有关国家标准的残疾人机动轮椅车、电动自行车等交通工具。

2. 车辆的分类

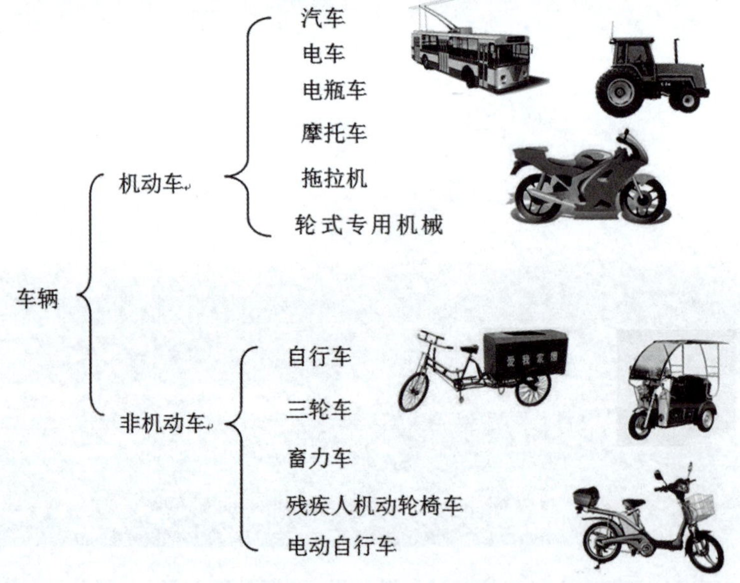

3. 特种车辆

特种车辆是人们日常生活中必不可少的应急救援交通工具，在特种车辆执行应急救援任务时，其他车辆及行人等必须为其让行。

急救车

警车

工程救险车

消防车

第二节 交通信号

全国实行统一的道路交通信号。交通信号分为四种：交通信号灯、交通标志、交通标线、交通警察的指挥。

一、交通信号灯

交通信号灯主要分为：机动车信号灯、非机动车信号灯、人行横道信号灯、车道信号灯、方向指示信号灯、闪光警告信号灯、道路与铁路平面交叉道口信号灯七种。

1. 机动车信号灯

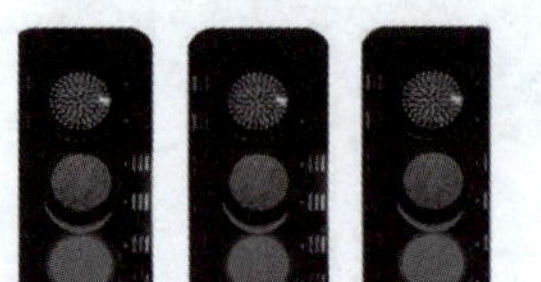

2. 非机动车信号灯

绿灯亮时：准许车辆通过，但转弯的车辆不得妨碍放行的直行车辆、行人通行。

黄灯亮时：已越过停止线的车辆可以继续通行。

红灯亮时：禁止车辆通行。

3. 人行横道信号灯

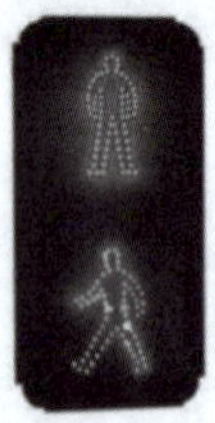

绿灯亮时：准许行人通过人行横道。

红灯亮时：禁止行人进入人行横道，但是已经进入人行横道的，可以继续通过或者在道路中心线处停留等候。

4. 车道信号灯

绿色箭头灯亮时：准许本车道车辆按指示方向通行。

红色叉形灯或者箭头灯亮时：禁止本车道车辆通行。

5. 方向指示信号灯

方向指示信号灯的箭头方向向左、向上、向右分别表示左转、直行、右转。

6. 闪光警告信号灯

闪光警告信号灯为持续闪烁的灯，提示车辆、行人通过时注意观望，确认安全后通过。

7. 道路与铁路平面交叉道口信号灯

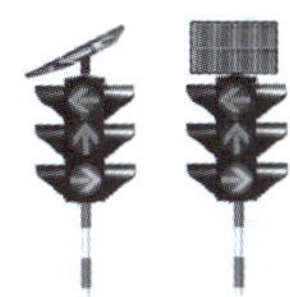

道路与铁路平面交岔道有两个红灯交替闪烁或者一个红灯亮时，表示禁止车辆、行人通行，红灯熄灭时，表示允许车辆、行人通行。

"最早的交通信号灯"

1868 年，根据伦敦警察总督理查德梅因的建议，为防止议员被街上来往频繁的马车撞到，在伦敦威斯敏斯特区乔治大街和布里奇大街交叉的路口上，机械工程师那伊特安装了世界上最早的由红色和绿色的旋转方形玻璃组成的交通信号灯，它由一名手持长杆的警员来转换灯的颜色。红色表示"停止"，绿色表示"通行"。同年 12 月 10 日起正式使用。

道路交通标志分为主标志和辅助标志两大类。主标志又分为警告标志、禁令标志、指示标志、指路标志、旅游区标志和道路施工安全标志六种。

1. 警告标志

警告标志起警告作用。警告车辆、行人注意危险地点的标志。颜色为黄底、黑边、黑图案，形状为顶角朝上的等边三角形。

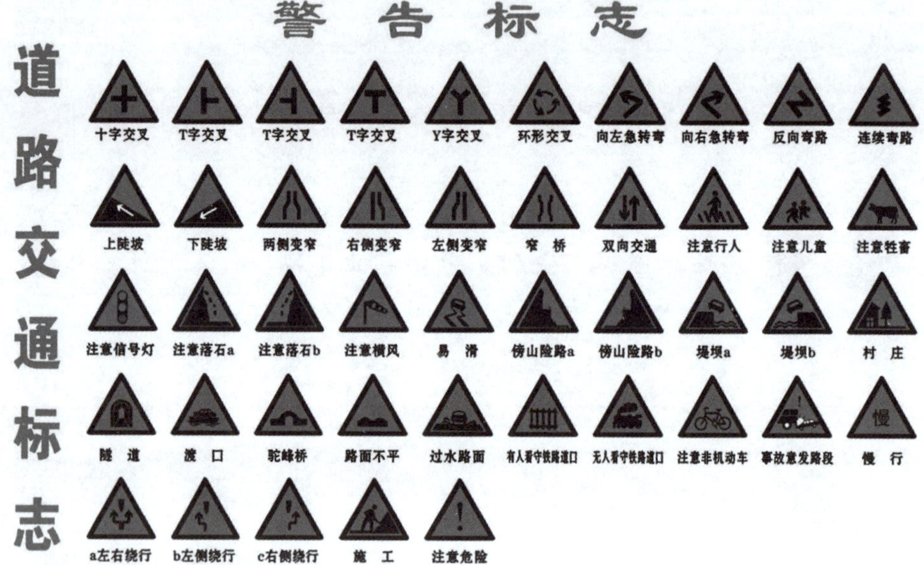

2. 禁令标志

禁令标志起到禁止某种行为的作用。禁止或限制车辆、行人交通行为的标志。除个别标志外，颜色为白底、红圈、红杠、黑图案，图案压杠；形状为圆形、八角形、顶角朝下的等边三角形。设置在需要禁止或限制车辆、行人交通行为的路段或交叉口附近。

（接下页图）

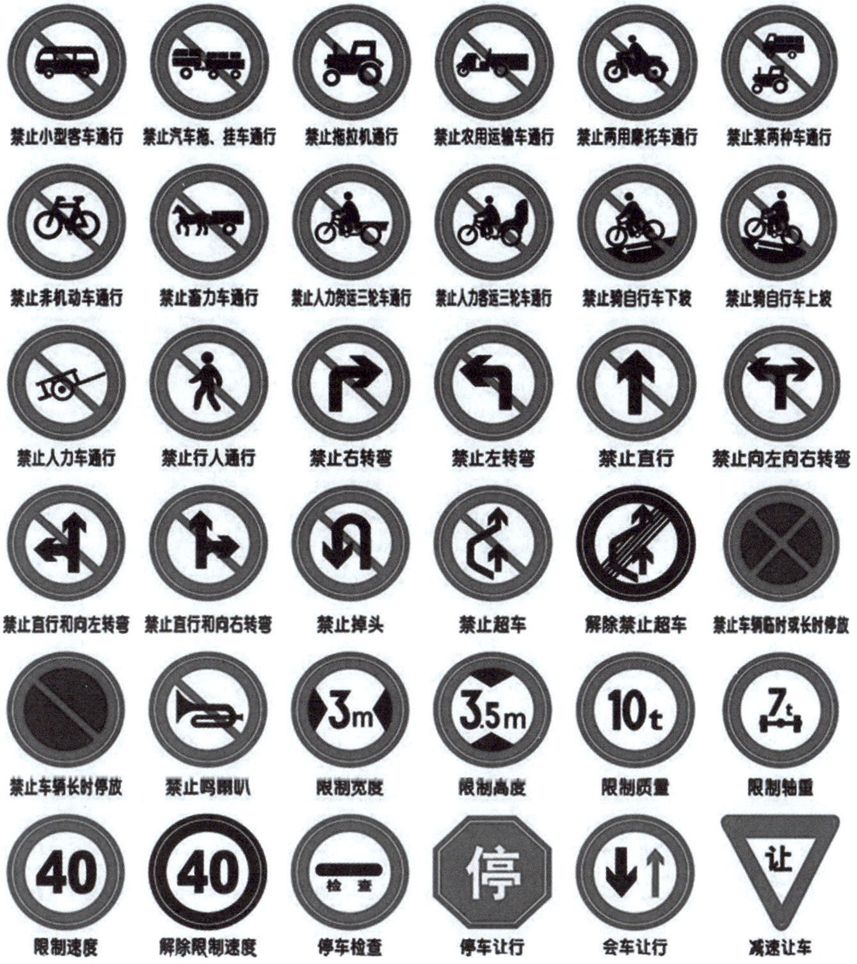
禁止小型客车通行
禁止汽车拖、挂车通行
禁止拖拉机通行
禁止农用运输车通行
禁止两用摩托车通行
禁止某两种车通行
禁止非机动车通行
禁止畜力车通行
禁止人力货运三轮车通行
禁止人力客运三轮车通行
禁止骑自行车下坡
禁止骑自行车上坡
禁止人力车通行
禁止行人通行
禁止右转弯
禁止左转弯
禁止直行
禁止向左向右转弯
禁止直行和向左转弯
禁止直行和向右转弯
禁止掉头
禁止超车
解除禁止超车
禁止车辆临时或长时停放
禁止车辆长时停放
禁止鸣喇叭
3m
限制宽度
3.5m
限制高度
10t
限制质量
7t
限制轴重
40
限制速度
40
解除限制速度
检查
停车检查
停
停车让行
会车让行
让
减速让车

3. 指示标志

指示标志起指示作用。指示车辆、行人行进的标志。颜色为蓝底、白图案；形状分为圆形、长方形和正方形；设置在需要指示车辆、行人行进的路段或交叉口附近。

直行
向左转弯
向右转弯
直行和向左转弯
直行和向右转弯
向左和向右转弯

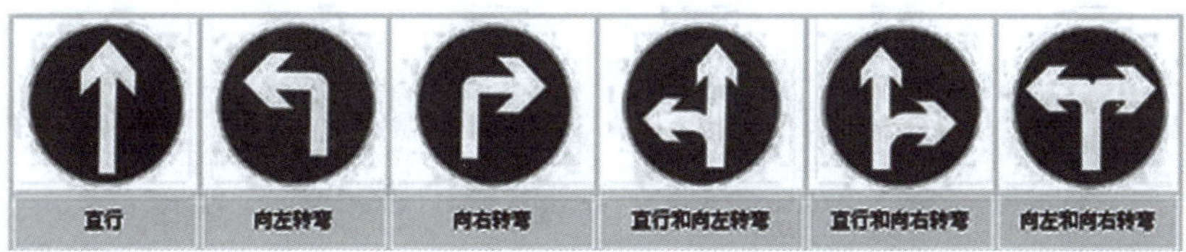

（接下页图）

4. 指路标志

指路标志起指路作用。传递道路方向、地点、距离信息的标志。颜色除里程碑、百米桩外，一般为蓝底、白图案；高速公路一般为绿底、白图案；形状除地点识别标志、里程碑、分合流标志外，一般为长方形和正方形。设置在需要传递道路方向、地点、距离信息的路段或交叉口附近。

5. 旅游区标志

旅游区标志是提供旅游景点方向、距离的标志。颜色为棕色底、白色字符图案；形状为长方形和正方形。旅游区标志又可分为指引标志和旅游符号两大类，设置在需要指示旅游景点方向、距离的路段或交叉口附近。

旅游区方向

旅游区距离

问询处

徒步

索道

（接下页图）

6. 道路施工安全标志

通告道路施工区通行的标志，用以提醒车辆驾驶人和行人注意。其中，道路施工区标志共有20种，用以通告高速公路及一般道路交通阻断、绕行等情况。设在道路施工、养护等路段前适当位置。

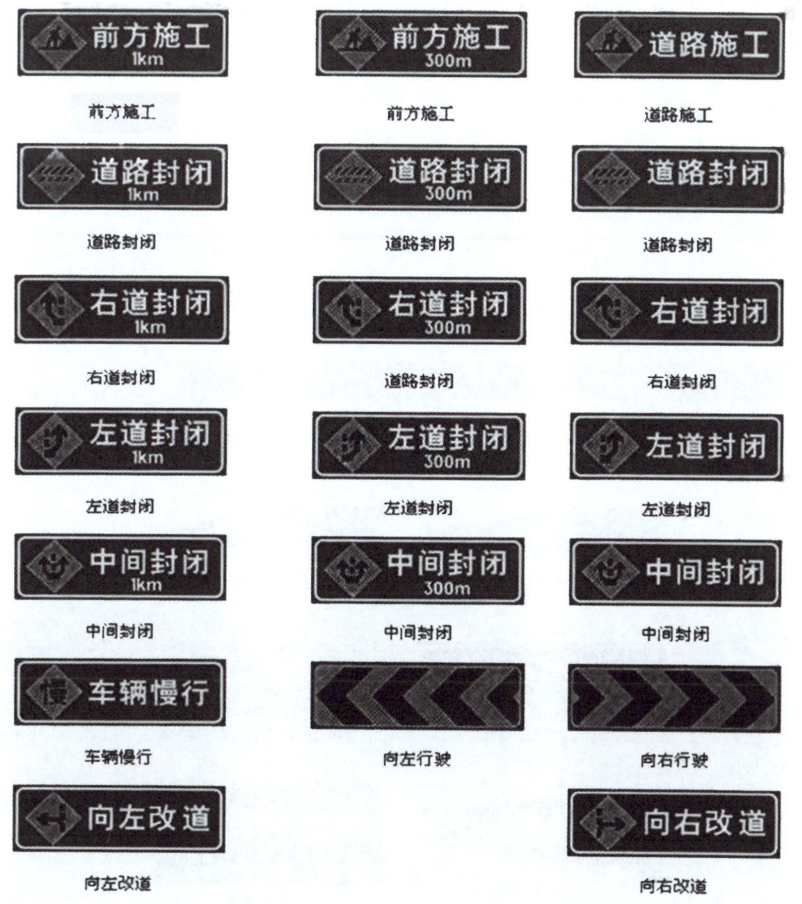

7. 辅助标志

辅助标志是在主标志无法完整表达或指示其内容时，为维护行车安全与交通畅通而设置的标志，颜色为白底、黑字、黑边框，形状为长方形，附设在主标志下，起辅助说明作用。

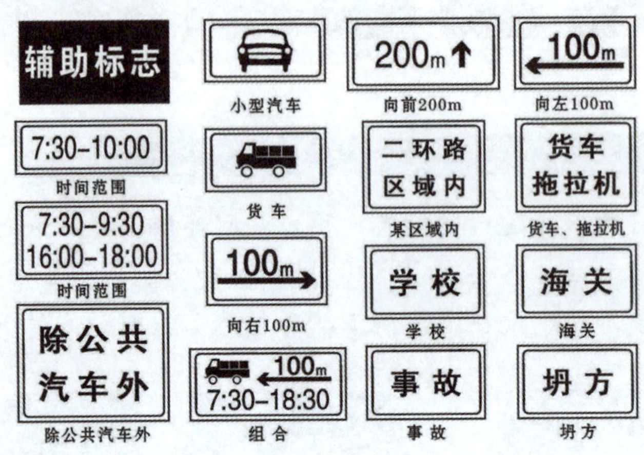

三、道路交通标线

道路交通标线分为指示标线、警告标线和禁止标线三种。

1. 指示标线

指示车行道、行车方向、路面边缘、人行道等设施的标线。

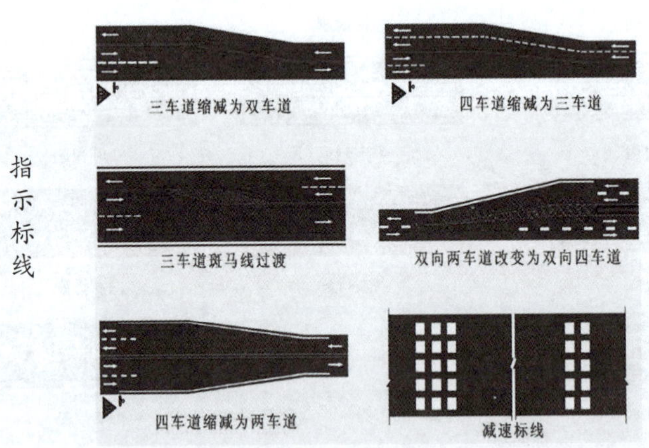

2. 警告标线

促使车辆驾驶人及行人了解道路的特殊情况，提高警觉，准备防范或采取应变措施的标线。

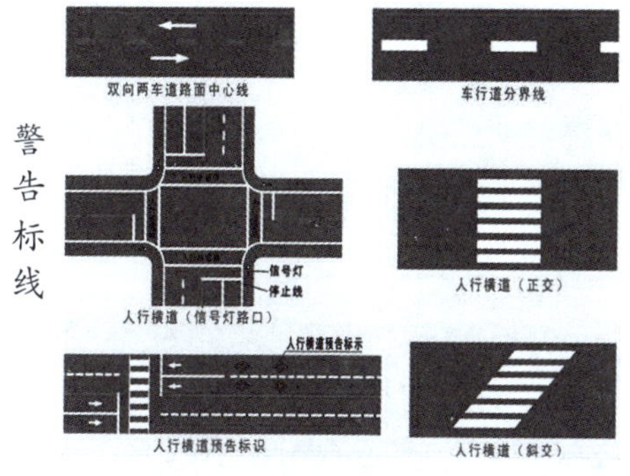

3. 禁止标线

告示道路交通的遵行、禁止、限制等特殊规定，车辆驾驶人及行人需严格遵守的标线。

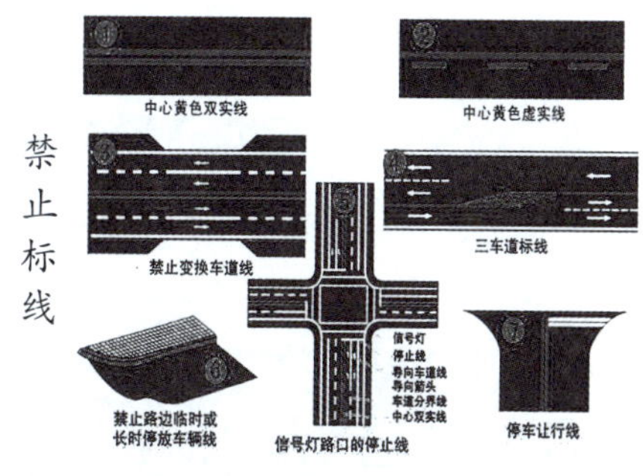

第三节 交通安全知识——行人篇

一、交通法规对行人总的要求

(1) 必须遵守《道路交通管理条例》《高速公路交通管理办法》和各省、市、自治区制定的实施办法等交通管理法规和规章的规定。

(2) 必须遵守车辆、人各行其道的规定。借道通行时，应当让在其本道内行驶的车辆或行人优先通行。

(3) 必须遵守指挥灯信号、人行横道灯信号的规定，即“红灯停、绿灯行、黄灯闪烁多注意”。

(4) 必须遵守交通标志和交通标线的规定。

(5) 服从交通警察的指挥与管理。

(6) 不准在道路上扒车、追车、强行拦车、抛物击车，或在道路上躺卧、纳凉、聚众围观等。

(7) 不准迫使、纵容他人违反交通法规，同时对任何人违反交通法规都有劝阻和控告的权利。

二、行人怎样行走最安全

行人是道路交通中的弱者，只有严格遵守交通法规规定，增强自我保护意识，才能保证自身安全。具体讲，行人在道路上行走必须走人行道。没有人行道的，必须靠路边行走，即在从道路边缘线算起一米内行走。不要穿越、倚坐人行道、车行道和铁路道口的护栏。遇到红灯或禁止通行的交通标志时，不要强行通过，应等绿灯放行后通行。

学龄前儿童在道路上行走，必须由成年人带领，残疾人或精神病患者，应当由监护人陪同照料。列队行走时，每横列不得超过两人。成年人的队列在可以紧靠车行道右边行进，儿童的队列须在人行道上行走。

行人在任何情况下，均不得进入高速公路行走。

行人应当在人行道内行走，没有人行道的靠路边行走

行人通过路口或者横过道路，应当走人行横道或者过街设施

通过没有交通信号灯、人行横道的路口，或者在没有过街设施的路段横过道路，应当确认安全后通过

车辆、行人应当按照交通信号通行；遇有交通警察指挥时，应当按照交通警察的指挥通行

三、行人横过机动车道

行人横过城市街道或公路时，属于借道通行，应当让在其车道内行驶的车辆或行人优先通过。为确保自身安全和取得横过道路的优先权，行人横过城市道路时应遵守以下几点。

(1) 应当选择离自己最近的人行过街天桥或地道通过，或者选择离自己最近的人行横道通过。

(2) 通过人行横道时，有信号灯控制的应当遵守信号灯的规定，绿灯亮时，要迅速通过；没有信号灯控制的，应看清来往车辆，直行通过，千万不要与车辆抢道，或相互追逐、猛跑。

(3) 在没有人行横道的地方横过道路，应该先向左看后向右看，确认安全后直行通过；横过多条车行道，或者车行道的车流量比较大时，可以采取"左右左"看、一条一条车道通过。

(4) 横过道路时，不要突然改变行走路线、突然猛跑、突然往后退，更不能在车辆临近时突然横穿。

(5) 行人列队横过道路时，须从人行横道迅速通过；没有人行横道的，应直行通过不要斜穿。

行人横过公路时，通常都是没有人行横道的地方，应当按照上述第 3 ～ 5 点的要求横过公路最安全。

学龄前儿童在道路上通行，应当由监护人带领

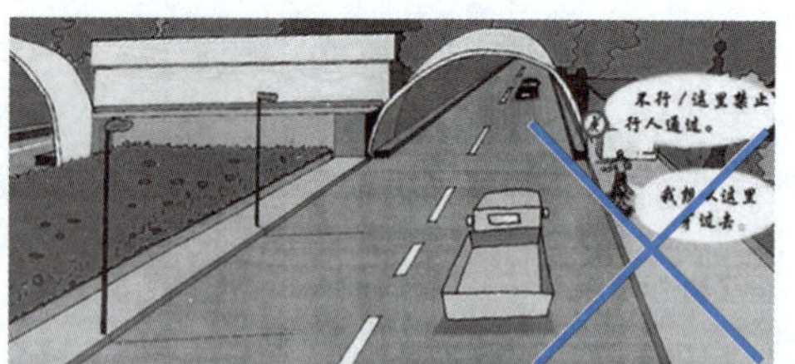

不准在禁止行人通行的道路上通行

不得在过斑马线时看书、听音乐、看手机等分散注意的活动

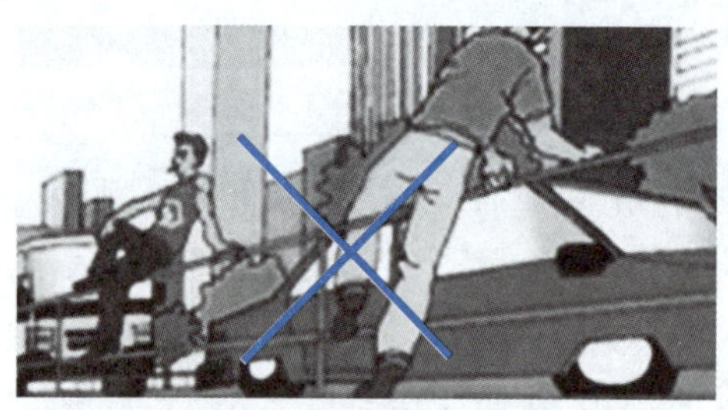

行人不得跨越、倚坐道路隔离设施，不得扒车、强行拦车或者实施妨碍交通安全的其他行为

雨天打伞行走，不得用伞挡在前方，遮住视线

禁止在车行道内坐卧、停留、嬉闹

禁止追车、抛物击车等妨碍道路交通安全的行为

禁止在道路上使用滑冰、旱冰鞋等滑行工具

四、行人通过铁路道口

(1) 在遇有道口栏杆（栏门）关闭、音响器发出报警、红灯亮时，或看守人员示意停止行进时，应站在停止线以外，或在最外股铁轨 5 米以外等候放行。

(2) 在遇有道口信号两个红灯交替闪烁或红灯亮时，不能通过；绿灯亮时，才能通过。

(3) 通过无人看守的道口时，应先站在道口外，左右看看两边均没有火车驶来时，才能通过。

(4) 行人通过铁路道口时，应当按照交通信号或者管理人员的指挥通行；没有交通信号和管理人员的，应当在确认无火车后，迅速通过。

行人不得在轨道上逗留、行走、打闹、游玩等

五、行人违反交通法规，将受到何种处罚

(1) 行人在道路上行走，不走人行道或不靠边行走；横过道路时不走人行横道、人行过街天桥或地道；在没有人行横道、人行过街天桥或地道的地方、不按规定横过车行道；行人不遵守交通信号、交通标志和交通标线的规定，或者钻跨人行道、车行道和铁路道口护栏的，将被处 5 元以下罚款或者警告。

(2) 行人擅自进入高速公路行走，将被处 20 元罚款或警告，并责令其离开高速公路。

（3）对在道路上扒车、追车、无理拦截车辆或强行登车，处5元以下罚款或警告；对无理拦截车辆或强行登车影响车辆正常运行，不听劝阻的，将被处15日以下拘留、200元以下罚款或警告。

（4）不满14周岁儿童或者未满18周岁的青少年、残疾人因生理缺陷原因、精神病人在精神病发作期间违反交通法规规定，免予处罚，或者给予从轻处罚。

六、行人对交通违章处罚不服怎么办

行人对交通违章处罚不服的，在接到公安机关的处罚通知书后5日内，可以向上一级公安机关提出申诉。如对上一级公安机关的裁决仍不服的，可以在接到通知后5日内向当地人民法院提起行政诉讼。

被裁决拘留的人或其家属能够找到担保人或者按照规定交纳保证金的，在申诉和诉讼期间，原裁决暂缓执行。裁决被撤销或者开始执行时退还保证金。

七、行人因违反交通法规造成交通事故，应当承担的责任

（1）行人因违反交通法规、过失造成自身或他人人身伤亡或者财产损失的交通事故。公安交通管理部门将根据行人的违章行为与交通事故之间的因果关系，以及该违章行为在交通事故中所起的作用，来认定行人应当承担的交通事故责任。

（2）行人擅自进入高速公路，造成自身伤亡和财产损失的交通事故，正常行驶的机动 车一方不负交通事故责任，由行人承担全部责任。

（3）行人除承担交通事故行政责任外，还应当承担相应的刑事或民事责任。如造成死亡事故，负有主要责任或全部责任的，应当承担刑事责任和附带民事责任；如造成人员受伤或财产损失事故，负有交

通事故责任的，应当承担相应的民事赔偿责任。

(4) 负有交通事故责任的行人，如未达到法定责任年龄，或是无行为能力和责任能力，或是限制行为能力和责任能力的人，免予相应的刑事或行政处罚，但应承担相应的民事责任。不过，这种民事赔偿责任由监护人承担。

(1) 正确认识汽车速度和制动距离

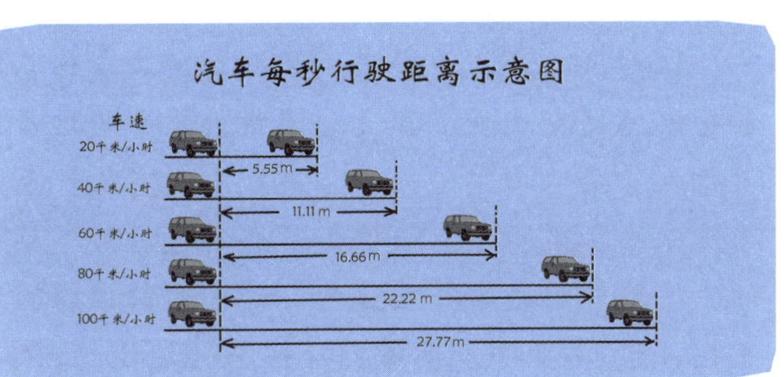

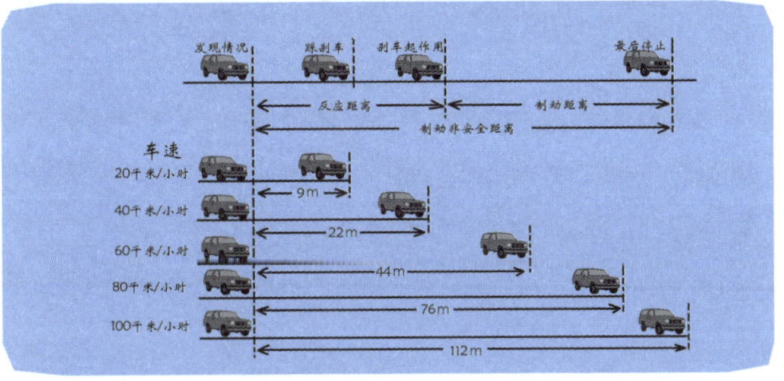

(2) 认识汽车的“内轮差”

(3)“安全岛”的来历

1860年，英国利物浦商人约翰·海期延格斯向当地议会和警察局递交一项“在交通流量大、危险性多的十字路口设置行人安全地带”的设计方案。当时有人认为方案多此一举未被采纳。第二年有一位著名商人途经海期延格斯曾警告过的十字路口时遇车祸而致死，这才引起议会和警察局的高度重视，于1862年采纳海期延格斯的建议，在市内的六个十字路口设置了行人安全地带，这就是世界上最早的行人安全岛的雏形。

1903年，被誉为交通安全岛之父的威廉·伊诺在《交通规则》一书中第一次把“安全地带”称为“安全岛”这才使它在世界各地被广泛推广和应用。

第四节 交通安全知识——骑行篇

一、骑车出行前

1. 满足年龄要求

从保证交通安全出发，《中华人民共和国道路交通管理条例》明文规定，未满十二周岁的儿童不准在道路上骑自行车。而当你已经达到法定的骑车年龄，准备骑车时，则必须认真地学一学有关骑自行车的规定，要掌握骑自行车的基本要领。

（驾驶自行车必须年满十二周岁，驾驶电动自行车必须年满十六周岁。）

2. 骑车出行前，应当佩戴自行车安全设备

3. 骑车出行前，应当对自行车进行安全检查

自行车检查要点：前后车闸是否齐全有效；车尾部是否装有反射器，是否清洁；车铃是否会响，安装位置是否适宜；其他（车把、车座、轮胎、链条等）。

(1) 骑自行车要在非机动车道内靠右顺序行驶，不逆行、不互相追逐或者曲折竞驶。在没有划分非机动车道和机动车道的道路上行驶，应尽量靠右边行驶，不能在道路中间行进。

(2) 骑自行车在道路上行驶，应当遵守有关交通安全的规定。自行车应当在自行车道内行驶；在没有自行车道的道路上，应当靠车行道的右侧行驶。

(3) 骑车至路口，应主动地让机动车先行。遇红灯停止信号时，应停在停止线或人行横道线以内。严禁用推行或绕行的方法闯越红灯。

(4) 骑车转弯时，要伸手示意。左转弯时伸出左手示意；同时要选择前后暂无来往车辆时转弯，切不可在机动车驶近时急转猛拐，争道抢行；也不要转小弯。

(5) 自行车在道路上停放，应按交通标志指定的地点和范围有秩序地停放；在不设置交通标志的支路上停放也不要影响车辆、行人的正常通行。

（6）骑自行车载物，长度不能超过车身，宽度不能超出车把宽度，高度不能超过骑车人的双肩。骑自行车在市区道路上不准带人。

（7）骑自行车不得双手离把或者手中持物；也不得戴着耳机听音乐。

（8）雨天骑车，最好穿雨衣，不要一手持伞，一手扶把骑行。雨雪天气，因为路滑，骑车速度要比正常天气慢，并要集中精力，以应付突发情况。

（9）雪天骑车，为了防止滑倒，不要对轮胎充气太足。另外，雪天骑车，要选择无冰冻、雪层浅的平坦路面，不要急捏车闸或急转弯。注意：应与车辆、行人保持较大的安全距离。

骑自行车的安全问题是个大问题，在各类交通事故中，自行车事故要占总事故的一半以上。自行车给人们的交通带来了便利，自行车同时也给人们带来了不幸。为此，大家应该严格遵守骑车规范，避免成为自行车的“牺牲品”。

自行车是怎么发明的?

一个雨天下午，法国人西夫拉克在街头漫步时，被经过的四轮马车溅了一身泥，这一溅使他突发奇想，四轮马车这么宽，应当把马车顺着切掉一半，四个车轮就变成前后两个车轮……于是，1791 年第一架代步的“木马轮”小车诞生了。

自行车种类

山地车

公路车

旅行车

折叠车

小轮车

表演车

通勤车

第五节

交通安全知识——乘车篇

一、安全乘车基本常识

(1) 机动车行驶时，驾驶人、乘客应当按规定使用安全带，摩托车驾驶人及乘客应当按规定戴安全头盔。乘坐两轮摩托车应当正向骑坐。

（2）乘车人不得携带易燃易爆等危险物品上车，不得向车外抛洒物品，不得有影响驾驶人安全驾驶的行为。

（3）不得在机动车道上拦乘机动车；在机动车道上不得从机动车左侧上下车。开关车门不得妨碍其他车辆和行人通行。

（4）机动车行驶中，不得干扰驾驶、不得将身体任何部位身处车外，不得跳车。

（5）乘坐公共汽车在站点下车后，绝不能从车前或车尾穿越道路，因为从车前或车后穿越道路，不但后方车不易发现，公交车驾驶员也可能因视线死角而不能发现行人，极易导致开车或倒车撞伤行人的交通事故。

(6) 从街道胡同交叉口走出后过路时，要尽量慢走，待观察道路上没有往来车辆后，再穿越道路，这样才能确保自己的交通安全。

二、文明乘车

(1) 乘坐公交车须在设有公交站点的站台上（没有站台的应在站杆后 1 米以外处候车）排队依次候车，不准在站台下、站杆前或行车道上候车。公交车停稳后先下后上，无人售票车前门上车、后门下车，依次登乘。不得强行追车、登车、扒车、拦车。

(2) 醉酒者、精神病患者、学龄前儿童、行动受限的老人须有健康的成年人监护乘坐公交车。

(3) 老、幼、病、残、孕及怀抱婴儿者优先上车，其他乘客应主动给其让座。不准多占座位或者躺卧、站立在座位上。

(4) 乘客上车后要扶好、坐好，注意乘车安全。严禁摆弄和损坏车辆及车厢内的设施；严禁自行开关车门；严禁进入驾驶部位，不准妨碍驾驶员正常操作。

（5）车辆运行中严禁将身体的任何部位伸出车外；不蹬踏座位；不打闹、斗殴、大声喧哗。

（6）不得妨碍车辆正常行驶、停靠和其他乘客安全的行为；严禁要求和协迫驾驶员更改运行线路、非站点停车开门。

（7）在车辆运行中，不得与驾驶员闲谈，严禁催促驾驶员开快车赶时间，不准在车门、脚踏板处蹲坐。

（8）车厢内禁止吸烟，不准乱扔杂物、随地吐痰。

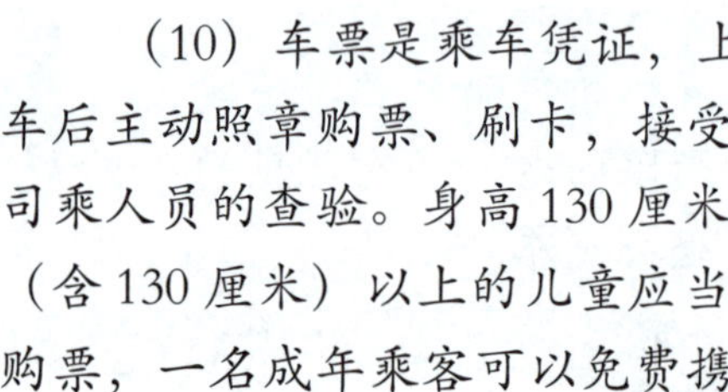

（9）不得随车返乘。

（10）车票是乘车凭证，上车后主动照章购票、刷卡，接受司乘人员的查验。身高130厘米（含130厘米）以上的儿童应当购票，一名成年乘客可以免费携带一名身高不足130厘米的儿童乘车。携带两名以上身高不足130厘米儿童乘车时只免费乘车一名，其余照章购票。

（11）车票仅限当次车乘坐有效，车票出售后，不予退票。乘客乘坐无人售票车应自备零钞，上车时应自觉投足钱币，不找零钱。

（12）乘客携带体积为0.07～0.14立方米的物品（长、宽、高为41～52厘米），需购同程车票一张，超过0.14立方米的物品禁止上车。

(13) 严禁乘客携带易燃、易爆、易碎、易腐蚀、易污染、宠物、活禽、危害他人安全的物品乘车。

(14) 对自身所携带的钱财、物品应自行妥善保管，不得占用座位和堵塞通道；携带财物安全自理，并不得妨碍其他乘客。

(15) 享受公益性免费乘坐公交车的乘客，按规定线路乘坐并出示有效证件，自觉维护乘车秩序，遵守乘坐须知。

(16) 故意损坏车内设备、设施或造成乘客、司乘人员人身、财物伤害的，应当赔偿损失并移交公安机关依法处理。违反规定，构成违反治安管理行为的，由公安机关依据《中华人民共和国治安管理条例》予以处理；构成犯罪的，由司法机关追究刑事责任。

中华人民共和国
治安管理处罚法

三、公路交通乘车自救方法

1. 汽车发生撞车时的应急自救方法

(1) 实践证明副驾驶位是最危险的座位，如果坐在该处的话，应首先抱住头部躺在座位上，或者双手握拳，用手腕护住前额，同时屈身抬膝护住腹部和胸部。

(2) 乘坐轿车后座的人，最好的防护办法就是迅速向前伸出一只脚，顶在前面座椅的背面，并在胸前屈肘，双手张开，保护头面部，背部后挺，压在座椅上。

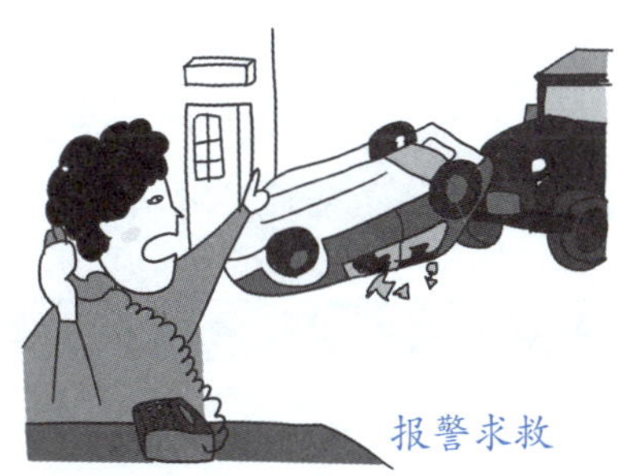

报警求救

2. 汽车翻车时的应急自救方法

（1）调整身体 不要急于解开安全带，双手应该先撑住车顶，双脚蹬住车两边，确定身体固定，一手解开安全带，慢慢把身子放下来，转身打开车门。

（2）观察 在逃出车门前应该确定车外没有危险。

（3）逃生先后 如果前排乘坐了两个人，副驾人员应先出，因为副驾位置没有方向盘，空间较大，易出。

（4）敲碎车窗 如果车门因变形或其他原因无法打开，应考虑从车窗逃生。如果车窗是封闭状态，应尽快敲碎玻璃。应用安全锤在车窗玻璃一角的位置敲打。

在车窗玻璃一角位置敲打

3. 车辆落水后的应急自救方法

（1）汽车入水过程中，由于车头较沉，所以应该尽量从车后座逃生。

（2）如果车门不能打开，手摇的机械式车窗可摇下后从车窗逃生。

（3）对于目前多数电动式车窗，如果入水后车窗与车门都无法打开，这时要保持头脑冷静，将面部尽量贴近车顶上部，以保证足够空气，等待水从车的缝隙中慢慢涌入，车内外的水压保持平衡后，车门即可打开逃生。

要保持头脑冷静

4. 道路遇险的应急自救

（1）不要惊慌乱动，等驾驶员把车子停稳之后，再按次序下车。

（2）前轮悬空时，应先将前面人员逐个接下车；后轮悬空时，则应先让后面人员逐个下车。

5. 意外失火的应急自救方法

（1）当汽车被撞后发生火灾时，由于被撞车辆零部件损坏，乘车人员伤亡比较严重，首要任务是设法救人。如果车门没有损坏，应打开车门让乘车人员逃出。

(2) 当公共汽车发生火灾时，由于车上人多，大家必须要特别冷静、果断。首先应考虑到救人和报警，判断着火的具体部位来确定逃生和扑救方法。如果着火的部位在公共汽车的发动机，驾驶员应开启所有车门，令乘客从车门下车，再组织扑救火灾；如果着火部位在汽车中间，驾驶员开启车门后，乘客应从两头车门下车，驾驶员和乘车人员再扑救火灾、控制火势；如果车上线路被烧坏，车门开启不了，乘客可从就近的窗户下车；如果火焰封住了车门，车窗因人多不易下去，可用衣物蒙住头从车门处冲出去。

判断着火位置，确定逃生方法

车辆发生故障的应急自救

(1) 应在第一时间拨打公路救援服务热线：96660。

(2) 如果出现肇事，还应拨打122交通事故报警电话。

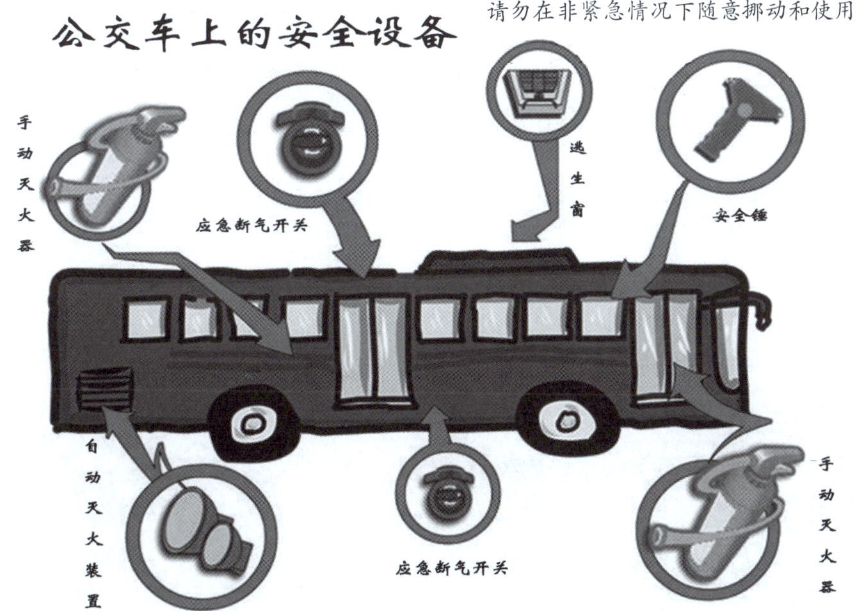

(1) 严禁携带各类易燃易爆危险品和违禁品进入轨道交通区域，包括汽（柴）油、各类气体钢瓶、各类气雾喷罐、油漆、高浓度酒精、香蕉水、装潢用胶水、烟花、爆竹、管制物品、爆炸物品等。在进站乘车过程中，主动将所携带物品接受工作人员、安检仪器和警犬的检查；如在乘车过程中发现其他人员违法携带易燃易爆危险品的，应及时举报。

(2) 乘客在车站或是车厢内发现可疑的遗弃箱包物品，请不要擅自打开或触摸包裹，应及时报告车站工作人员，或拨打110报警求助电话提供线索，警方和运营单位员工将根据预案采取专业处置措施。

(3) 在乘坐轨道交通过程中，切勿贪图小便宜。如遇到有陌生人以拾到现金、金饰等贵重物品要求平分、各种途径弄来的古董宝贝以低价推销或进站使用交通卡遇到故障有好心陌生人主动上前排忧解难时，请提高警惕。注意事项如下：一是遇到困难，应向持证工作人员求助；二是遇到可疑人员及时报警；三是不要向陌生人透露私人信息，如家庭地址、身份证号、手机号码、银行存款账号密码等。

(4) 乞讨、流动兜售、散发黑广告、违规设摊、车厢卖艺等是轨道交通区域内主要存在的扰乱公共秩序行为。在乘坐轨道交通过程中，如遇到以上情况，自觉抵制，并及时通过 110 电话或地铁热线反映线索。

（5）乘客在遇到严重威胁生命安全的紧急关头，应在列车广播的提示和引导下，根据应急拉手图示操作，及时逃生。由于应急拉手启用后，列车会紧急停车，导致运营受阻，所以，为了自身和其他乘客的安全，请勿擅自拉应急拉手阀门，更不能擅自进入隧道。

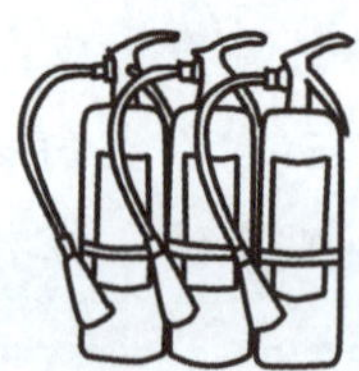

（6）等候列车请务必站在黄色安全线后，列车进站不要探头张望。当列车车门的蜂鸣器响起、车门关闭时，请不要强行登车，以免发生危险。严禁擅自打开警示绳或越过安全黄线，进入轨道交通道床、隧道，这种行为不仅会严重威胁乘客的生命安全，也将对运营安全和公共安全造成严重影响。更不能故意将身体或其他物品挡住车门。乘客的物品如落入轨道，请不要自行捞捡，应寻求车站工作人员的帮助。

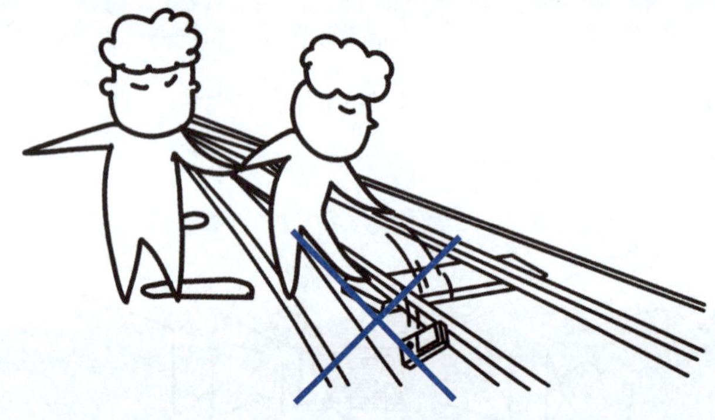

（7）轨道交通安全文明出行要从细节抓起：请勿在车站内使用滑轮鞋溜冰；乘车时不要紧贴车门，以免发生危险；大件

行李物品不要摆放车门口，以免给其他乘客造成不便。

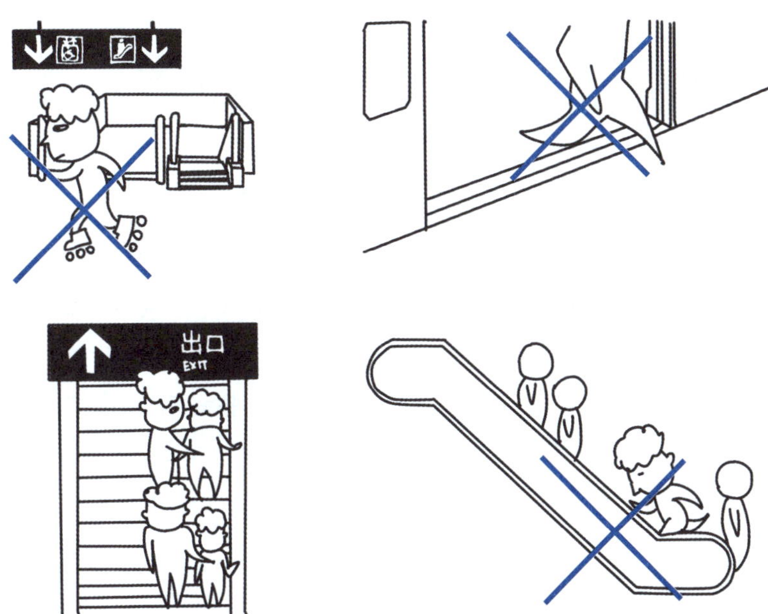

（8）购买车票或等候列车时，请在规定区域依次排队。乘坐手扶电梯时，请左行右立。上下列车，请先上后下。乘坐列车时，不要将大件箱包物品放在列车门口区域，同时，主动为需要帮助的乘客让座。遇到客流爆满、人群拥挤等情况，应听从工作人员的指挥，有序乘车。

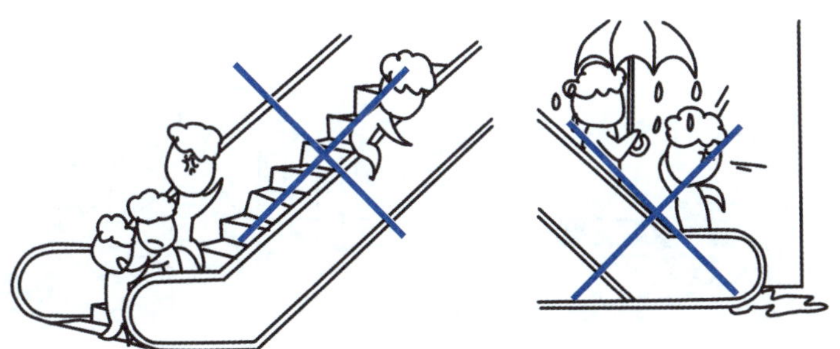

(9) 在乘坐轨道交通过程中，如遇到火灾、爆炸或不明气体等危及生命安全的灾害事故时，在车厢内时，如列车仍在运行，请勿擅自拉下紧急拉手，为列车靠站处置赢得时间；如列车无法继续运行，应按照列车驾驶员的广播提示，拉下应急拉手打开车门或从列车两头驾驶室安全门有序撤离；在车站内时，请根据工作人员引导，按照车站内指示牌指示的方向快速撤离。遇到浓雾或不明气体，应用湿纸巾或毛巾捂住口鼻，低姿势逃生。遇到各类灾害事故不要惊慌，应冷静应对，快速撤离，切勿因小失大。

(10) 乘客如果遇到人身、财产安全受到威胁的紧急情况时，可通过110报警求助电话及时向警方求助。为及时反映自身所在方位，可将重点车站和所在车厢的定位标识告知110接警台。

(11)轨道交通区域扒窃案件主要发案时间在早晚高峰时间，重点区域为四个口：车站售票口、自动扶梯口、上车列车门口及进出闸机口。以上时段和区域，乘客提高警惕，注意保管好随身携带的贵重物品。细节有：包袋不离视线，手机不别腰间，手机配饰不暴露在外。一旦发现可疑人员或财物被窃，及时报警。

五、安全文明乘火车

(1) 在站台上候车时，要站在安全线内。

（2）遇到突发情况，应听从工作人员指挥，按照站台内的疏散指示标志，安全有序地撤离。

（3）配合车站工作人员进行安全检查。

（4）列车在运行中发现可疑物时，应迅速利用车厢内报警器报警，并远离可疑物，切勿自行处理。

（5）乘客不得移动线路上的机动车辆，或者擅自开启列车车门。

（6）不得从列车上向外抛扔杂物。

（7）列车在运行中遇到火灾事故时，乘客应首先使用车厢两端的报警器通告司机，然后用灭火器灭火，列车司机应就近停车，尽快疏散群众。

(8) 车厢内发生火灾时，乘客可直接拨打119、110电话报警，也可以按动车厢内的报警按钮。

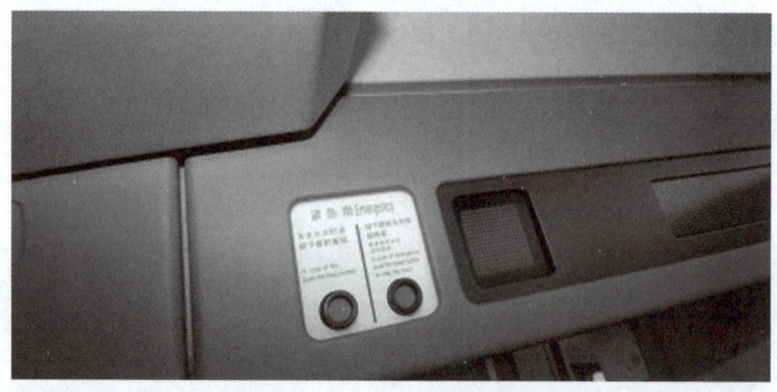

(9) 疏散时应听从指挥，有顺序地向指定的方向疏散。

六、安全乘机常识

1. 乘机流程

乘坐飞机的一般流程包括：购票、去飞机场、办理值机手续、安全检查、候机和登机。

乘坐飞机基本流程一：预订机票

乘机之前，首先到各个航空公司的官网上或机票代售点预订机票。

以南方航空公司为例。南方航空公司官网预订机票的程序。登录南方航空公司官网首页进行机票预订。在机票预订里面输入出发城市、到达城市，选择你要的票数和出发日期，就可以进行机票预订。

乘坐飞机基本流程二：手续的办理

（1）拿着身份证到指定柜台（一般一进候机厅就可以看见一个大屏幕，上面显示有各个航班相对应的办理柜台号）交给办理人员，有行李托运者同时办理。

（2）购买保险。

（3）安全检查：需要提供身份证、登机牌。

（4）到指定登机口等着上飞机，注意广播通知，登机口号码在登机牌上有标明。

2. 乘飞机安全须知

登机后要仔细阅读安全须知手册。

每个航班起飞前，乘务员都会播放安全须知录像，目的是让旅客学会正确使用机上应急设备和了解应急出口的位置及逃生方法，有助于旅客在紧急情况下正确、迅速地采取有效行动。旅客应仔细聆听，以备在发生意外时可有效地安全应对。每个座椅的背后也放有安全须知手册，旅客也需仔细阅读。以某航空公司的安全须知为例。

B737-800 飞机

安全须知 SAFETY INSTRUCTIONS

请勿拿下飞机
DO NOT REMOVE FROM AIRCRAFT

起飞和降落时 TAKE-OFF AND LANDING

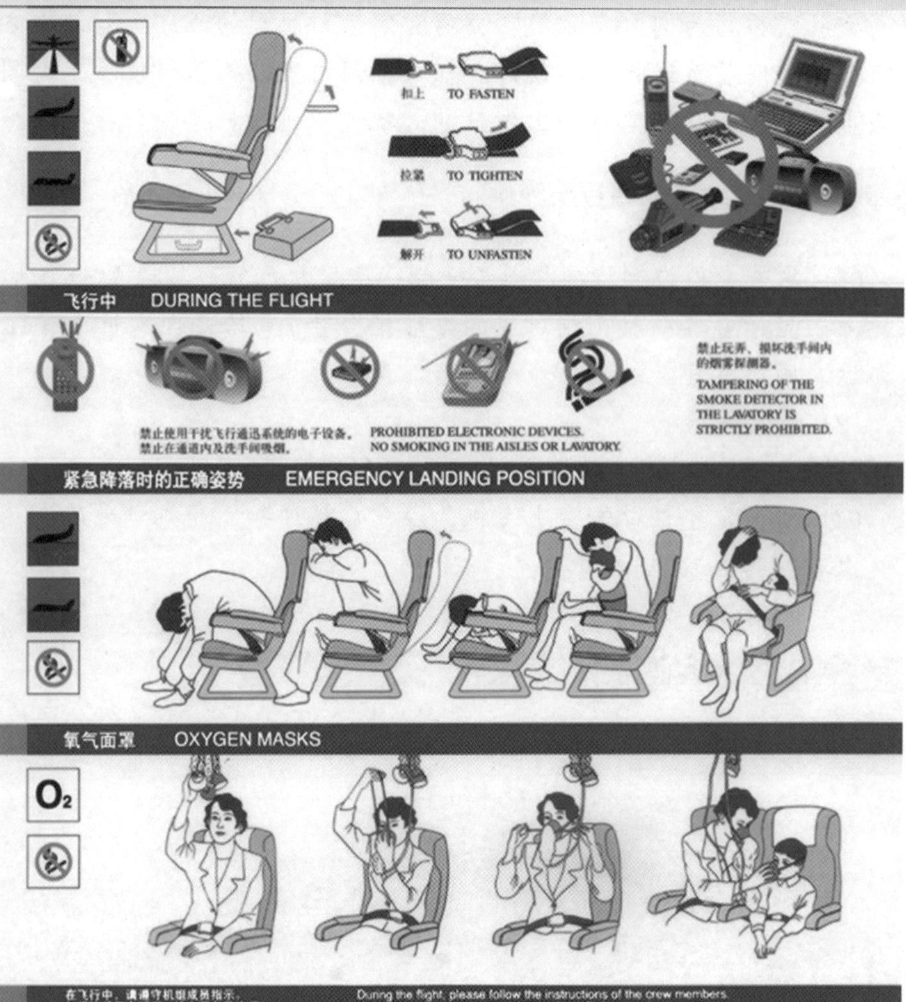

飞机作为一种交通工具，会有一定的不安全性因素存在。尽管诸多统计数据表明飞机失事属于小概率事件，安全比例甚至远远高于其他交通工具。但由于“空难”一旦发生则意味着重大事故，人员伤亡的惨剧让人痛心不已。尽管在起飞之前，机上乘务人员已将一些安全常识告诉人们，然而，在“常识”背后，应该了解更多。不难发现，几乎每次空难事件发生后，都会暴露一些关于飞机安全的知识误区。人们追问：什么样的飞机最安全？是否存在安全座位？飞机一旦发生事故，该如何自救……

（1）选择直飞班机

统计数据指出，大部分空难都发生在起飞、下降、爬升或在跑道上滑行的时候，减少转机也就能避免碰到飞行意外的概率。

（2）在选择飞机机型方面，应该选择至少30个座位以上的大型飞机

飞机机体越大，受到国际安全检测标准也越多、越严，而在发生空难意外时，大型飞机上乘客的生存概率也相对较小飞机来得高。

（3）熟记起飞前的安全指示

各种不同机型的逃生门位置都有出入，乘客上了飞机之后，应该花几分钟仔细听清楚空中服务员介绍的安全指示，如果碰到紧急情况，才不会手足无措。

（4）选择行李托运

近来越来越多乘客为了节省等领行李的时间，喜欢把大件行李随身带上飞机，这却是不符合飞行安全的行为。如果飞机遭遇乱流或在紧急事故发生时，座位上方的置物柜通常承受不住过重物件，许多乘客都是被掉落下来的行李砸伤头部甚至造成死亡的。

（5）随时系紧安全带

在飞机翻覆或遭遇乱流时，系紧安全带能提供乘客更多一层的保护，不至于在机舱内四处碰撞。

（6）听从指挥

意外发生时，一定要听从空中服务员的指示，毕竟空中服务员在飞机上的首要任务，便是为了维护安全。

（7）不要携带危险物品上飞机

（8）不要在飞机上喝太多的酒

由于机舱内的舱压与平地不同，过多酒精将使得乘客在紧急时刻应变能力减缓，丧失逃生的宝贵机会。

（9）随时保持警觉

意外发生时机上乘客应该保持冷静，在空中服务人员的指示下尽快离开。

（10）没有绝对的“最安全座位”

坐在哪儿最安全？人们关注的焦点显而易见。这个问题目前尚没有定论，与具体飞行事故相关。如果飞机发生碰撞或者是可控触地，前排位置反而更危险。而在某些事故中，飞机尾部撞地，后排位置更危险。

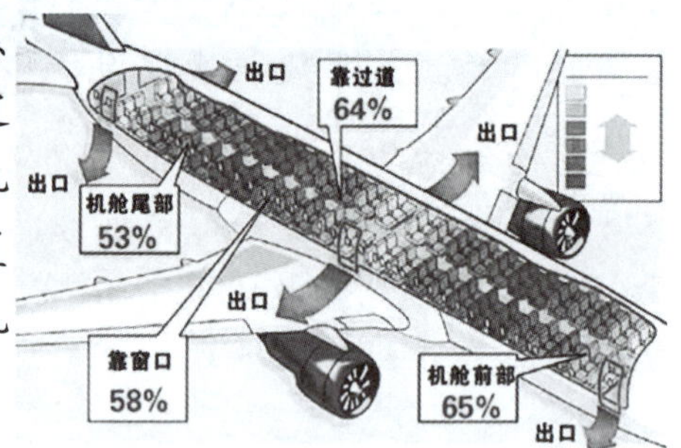

注：图中百分比指该部位逃生的成活率。

（11）人、机、环境三因素决定飞行安全

飞机的飞行安全与飞机特性、飞行员技术和飞行环境密切相关，这是一个人——机——环境组成的闭环系统，任何一环出现问题，都将影响飞行安全。飞机设计就是要提高飞机性能和飞行品质，使飞行员能够简单、容易地完成飞行任务。飞行员在飞不同机型前需要进行大量的训练，以提高驾驶技

能。在每一次飞行前，航空公司需要根据飞行任务、气象条件等制定详细的飞行计划；地勤人员需要对飞机进行维护。在飞行过程中，飞行员在空中交通管制员的指挥下，按照控制程序操纵飞机，从而实现安全飞行。

波音 B777-200（三舱，314个座位）

头等舱：1～2排；12个座位　　公务舱：11～17排；49个座位　　经济舱：31～59排；253个座位

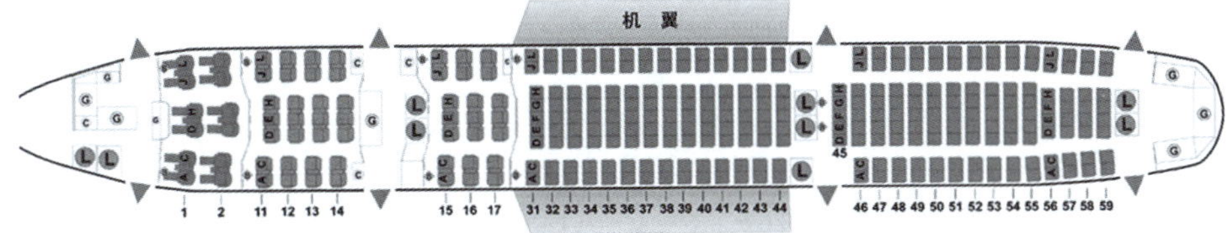

头等舱　公务舱　经济舱　L 盥洗室　G 厨房　C 衣帽间　婴儿摇篮挂点位置　▲ 逃生出口

（12）“黑色 13 分钟”

飞机起飞时6分钟和降落时7分钟，被称为“黑色13分钟”。据统计，起飞和着陆占总飞行时间的6%，事故记录却高达68.3%。在整个飞行过程中，起飞和着陆的确是最危险的阶段。

3. 逃生法则

（1）掌握自救方法，把握“黄金一分半”

很多业内人士认为，飞机失事后一分半钟内是逃生的“黄金时间”。能否在飞机失事的瞬间逃生，不仅取决于你的临场反应够不够快，而且懂得如何自救才是重中之重。

- 选择正确的防冲击姿势

在发生坠机前，按照乘务员的指示采取防冲击姿势：小腿尽量向后收，超过膝盖垂线以内；头部向前倾，尽量贴近膝盖。

怀抱婴儿的旅客应将婴儿斜抱在怀里，婴儿头部不得与过道同侧面朝上，弯下腰，俯下身，双脚用力蹬地；或一手抱紧婴儿，一手抓住前面的椅背，低下头，双脚用力蹬地。

特殊旅客（肥胖、孕妇、高血压、高大者）应双手抓紧座椅扶手，或双手抱头，同时收紧下颌，两腿用力蹬地。对于双脚不能着地的儿童，可采取将双手压在双膝下，手心向上，弯下腰的方式。

• 学会系解安全带

当飞机撞地轰响的一瞬间，要飞速解开安全带系扣，猛然冲向机舱尾部朝着外界光亮的裂口，在油箱爆炸之前逃出飞机残骸。因为飞机坠地通常是机头朝下，油箱爆炸在十几秒钟后发出，大火蔓延也需几十秒钟之后，而且总是由机头向机尾蔓延。解开安全带时需要打开插销。如果不能解开安全带，逃生的机会就很渺茫了。

• 带好氧气面罩

当机舱“破裂减压”时，要立即带上氧气面罩，并且必须带严，否则呼吸道肺泡内的氧气会被“吸出”体外。为了增加舱内的压力和氧浓度，飞机会立即下降至3000米高空以下，这时必须系紧安全带。若飞机在海洋上空失事，要立即换上救生衣。

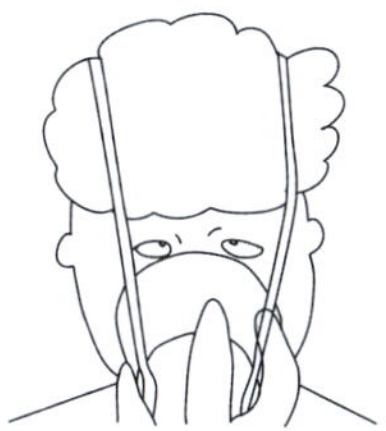

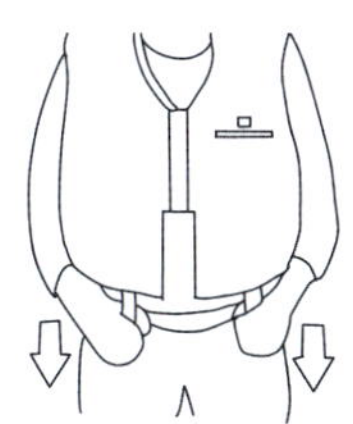

• 拼命呼喊避免“震昏”

飞机下坠时，要对自己大声呼喊：“不要昏迷，要清醒！兴奋！”并竭力睁大眼睛，用这种“拼命呼喊式”的自我心理刺激避免“震昏”。

• 捂住口鼻避免烟雾中毒

如果能从冲撞中幸存，下面要面对的就是大火和烟雾。烟雾含有有毒气体，过多地吸入将导致死亡。舱内出现烟雾时，一定要使头部处于可能的最低位置，因为烟雾总是向上的，屏住呼吸用饮料浇湿毛巾或手绢，捂住口鼻后再呼吸，弯腰或爬行至出口。

• 紧急撤离时不可携带任何行李

紧急撤离时间紧迫，如果此时还从行李箱内取行李会十分耽误时间，且拎着行李逃生，行李会堵塞通道，减缓撤离速度，也易挤伤人。跳滑梯时，行李会划破滑梯，滑梯漏气，造成的伤害会更大。

• 采取正确的跳滑梯姿势

正常人从滑梯撤离，应双臂平举，轻握拳头，或双手交叉抱臂（也可双手抱头），从舱内跳出落在梯内时手臂的位置不变，双腿及后脚跟紧贴 梯面，收腹弯腰直到滑到梯底，站立跑开。

抱小孩的旅客要把孩子抱在怀中，坐着滑下飞机。儿童、老人和孕妇也应坐着滑下飞机，在梯面的姿势与正常人相同。

伤残旅客根据自身的情况坐滑或由援助者协助坐滑撤离。援助者包括乘坐飞机的机组人员 、航空公司的雇员、军人、警察、消防人员、身强力壮的男性旅客。跳滑梯时必须听从乘务员的口令一个接一个有序往下跳，不可推挤。

（2）三种类型空难逃生技巧不同

• 高空解体：空中也要系好安全带

如果遇到高空解体的状况，不论坐在飞机的哪一个部位，生还希望都很渺茫。即便生还的概率渺茫，也要在空中系好安全带。不然，飞机尚未坠地，在空中翻滚的过程中，乘客就已经在机舱中被来回撞击丧命了。

• 起飞失事：事先观察紧急出口位置

起飞后失事有可能是因为飞机出现故障或遭遇恶劣天气。如果出现故障却没有爆炸起火，机上乘客有可能全部获救；如果遭遇恶劣天气特别是从空中下降到地面的气流，飞机就会坠毁。

无论哪种原因，乘客在起飞前应观察紧急出口在哪里，尽量数一下从座位到出口那排座位之间有多少座位，这样即使看不见，也能知道紧急出口的大概位置。

• 降落坠毁：尽快远离残骸

一般飞机在降落时头稍低，这时机头最容易遭到撞击，机尾则完好无损，这种状况下，坐在机尾的座位是最安全的。只要所坐位置没有发生撞击和爆炸，乘客在保持头脑冷静的情况下，尽快远离残骸，生还概率最大。

（3）错误的逃生方法

• 砸飞机玻璃窗：飞机的窗户一般由透明的树脂合成，它们的强度很高，手机、高跟鞋、钥匙等很难砸坏它，这种做法是在浪费逃生时间。

• 拥堵逃生出口：一旦发生紧急情况，会有空乘人员指挥紧急避险，一味地向逃生出口拥去，很可能会堵死逃生通道，延误逃生时间。

• 直接从飞机跳下：飞机机身较高，离地至少几米，如果发生意外情况，刚刚打开舱门，救生滑梯还未放下便急于跳下逃生，很可能会摔伤。

• 拿着行李逃生：紧急避险的速度以“秒”计算，从头上部的行李箱内取行李，一方面耽误逃生时间，另一方面还可能会砸伤人。此外，带着行李逃生，很容易堵塞逃生通道，减缓撤离速度。跳滑梯时，行李也可能会划破滑梯，致使滑梯漏气，造成更大的事故。

4. 逃生技能图解

（1）救生衣的使用

（2）起降、颠簸时

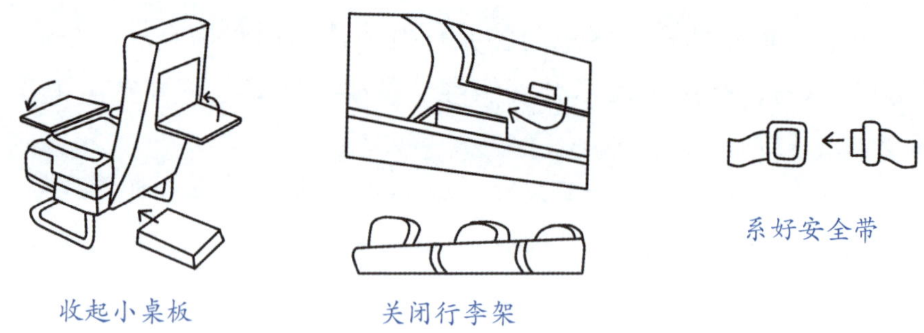

（3）氧气罩的使用

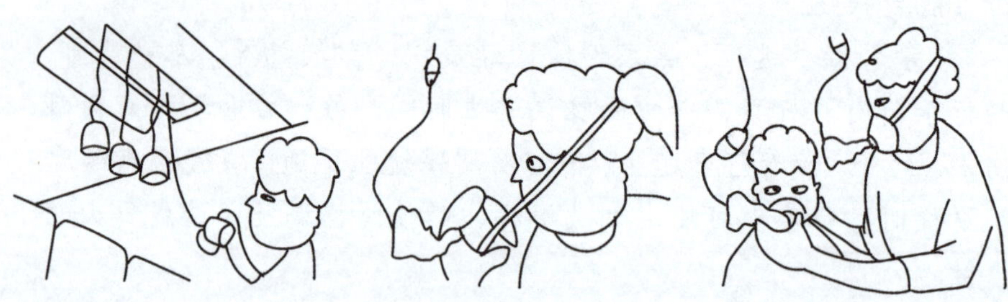

（4）出口撤离方法

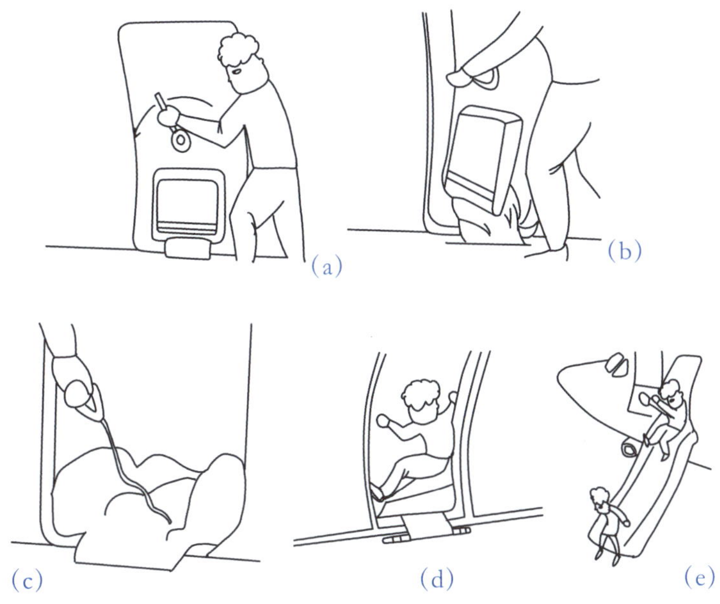

1. 飞机空中飞行为什么会发生颠簸？

飞机一般都在万米以下的对流层中飞行，由于空气对流原因，飞机就会出现颠簸现象。一般来说主要是受以下几个因素的影响。

（1）受地形的影响：在山区、高原、沙漠地区飞行，地形使空气受到阻力，造成空气垂直运动。

（2）受季节的影响：由于夏季雷雨较多，秋天的风较大，这两个季节颠簸会多一些。

2. 乘坐飞机为什么必须系好安全带？

在飞机起飞或着陆前乘务员总是要提醒并检查每位旅客是否系好安全带。因为飞机一般在飞行过程中，时速都在 500 千米以上，波音飞机时速可达 900 千米，即使在起飞或着陆时时速也在 200 多千米，这时要遇紧急情况，就会对人身安全造成一定的危险。如果旅客系好安全带，与飞机同步运动，可以避免惯性力对旅客的危害。

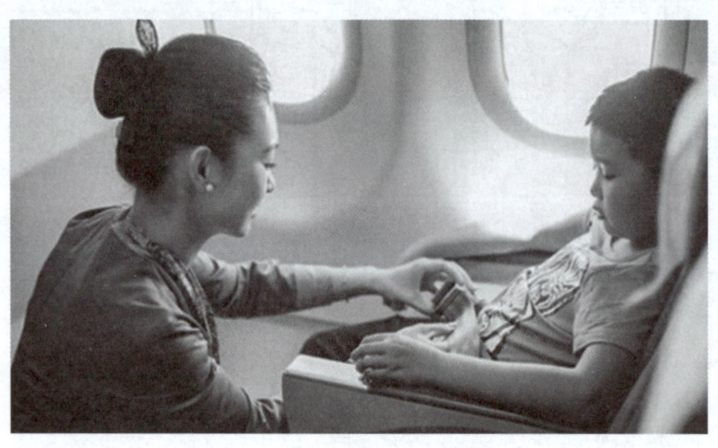

3. 为什么乘机不能使用电子类产品？

在飞机上，使用中的一些电子装置，特别是会发射电磁波的用品，将干扰飞机的通信、导航、操纵系统，也会影响飞机与地面的无线信号联系，尤其在飞机起飞或下降时干扰更大，即使只造成很小角度的航向偏离，也可能导致机毁人亡的后果，是威胁飞行安全的隐形“杀手”。

以移动电话为例：移动电话不仅在拨打或接听过程中会发射电磁波信号，在待机状态下也在不停地和地面基站联系，虽然每次发射信号的时间很短，但具有很强的连续性。飞机在平稳飞行时，距地面6000～12000米，此时手机接收不到信号，无法使用，在起飞和降落过程中，手机才有可能与地面基站取得联系，但此时干扰导航系统产生的后果最为严重。在《中华人民共和国民用航空法》第八十八条中，对旅客在机上使用便携式电子装置做出了限制，并在第二百条中做出了对违反者予以治安管理处罚，乃至刑事处罚的规定。各航空公司在机上广播词中也加入了要求旅客在飞机上关闭随身携带的便携式电子装置电源的内容，飞机上禁止使用的电子装置有：手机、寻呼机、游戏机遥控器、业余无线电接收机、笔记本电脑、CD唱机等。当乘客踏上飞机时，别忽略了国家的相关法规，尤其会涉及自己和他人生命安全，不妨检查一下，有没有关掉手机、寻呼机、游戏机等。

4. 乘坐飞机时为什么要按照乘务员提醒的做?

乘坐飞机时，尤其是起飞、降落时，乘务员经常会提醒旅客许多注意事项，如收起小桌板，调直座椅靠背，系好安全带以及打开窗口的遮阳板等，然后乘务员还要逐一检查。这是为什么呢?

其实这主要是从安全角度考虑的，飞机的起飞、降落，是飞行员驾驶飞机十分关键的两个环节，大多数意外也主要发生在这两个阶段。

乘务员提醒乘客收起小桌板，调直座椅靠背，系好安全带，就是从保护乘客安全着想，当万一发生意外情况时，可以有效保护乘客的身体，降低乘客撞碰受伤的机会。

在飞机座椅设计的时候，设计人员经过大量的实验表明，调直座椅靠背后，万一发生意外情况，可以最大限度地保护乘客的安全。

飞机客舱的光线与机身外的光线存在一定的差距，当天气明亮时，飞机客舱的光线比机身外的光线暗；当天气下雨或晚上时，飞机客舱的光线比机身外的光线亮，这时飞机客舱的光线也会调暗一些。打开窗口的遮阳板，就是尽量使飞机客舱的光线与机身外的光线保持相对平衡，当万一发生意外情况需要逃生时，人的眼睛就可以马上适应机身外的光线而不需要花费太多时间调整，以争取逃生的时间。还有一个重要的作用是，救护人员可以通过窗口观察飞机内的情况，及时采取相应的抢救措施。

（1）等船停稳后，自觉按顺序排队上船，不争先恐后；渡船荷载在已满员的情况下，不要上船，应自觉等候下一趟次。

（2）乘船人乘船时应该保持秩序良好，遇事沉着冷静，处惊不乱。应听从船工的指挥，在船上所站的位置应分布均匀，保持重心稳定，不能集中在一侧，以防船体倾斜而导致侧翻。有一些意外情况容易引起人员向一侧集中使船舶重心偏移：如水浪打来水花溅在身上，有的人因为躲避而向一侧靠拢；遇有物品意外落水等情况不要一窝蜂涌向船体一侧看热闹。

（3）船身重心越低，船体就越稳定。乘船人如果都坐下或蹲下，船身重心就会下移，船就越稳。所以，船遇风浪、水急或在江上与运沙船交会时，水浪容易引起渡船摇晃，乘船人应蹲下，以降低渡船重心，保持船体稳定。

（4）要远离不良行为。在船上不嬉闹、不攀爬围栏、不恶作剧、不打架、不携带易燃易爆危险品上船；不紧靠船沿向下看波浪，以防产生眩晕或失足落水。一旦有危害船舶航行安全的行为发生时，大家要给予提醒和制止。

（5）遇刮大风、下大雨、发大水或打雷等恶劣天气，不要冒险过渡。雷雨天气时船舶易被雷电击中，雨伞伞尖最易引电，高伏电压造成跨步电压易使人触电。

(6) 要有意外情况的应急预案。在我们的头脑里要多设想过渡时可能发生哪些意外，发生这些情况时如何应对，最好的自救方式方法是什么，平时大家都要多动脑筋，关键时刻就不会慌乱，就会处理得当。

(7) 船上的安全设施不要乱动；正确使用救生衣，分清前面和后面，前部装有较多的填充物，可使昏迷人员保持面部朝上，避免呛水。

(8) 当船体进水时，不要慌乱，不懂水性的乘客要有秩序地向船工领取并穿好救生衣、救生圈，船上的木板也可以用来作为救生器材；水性好的第一时间就要投入抢险，用水桶把船舱的水往船外泼，避免沉船或延缓沉船，争取时间把船开到安全地带。

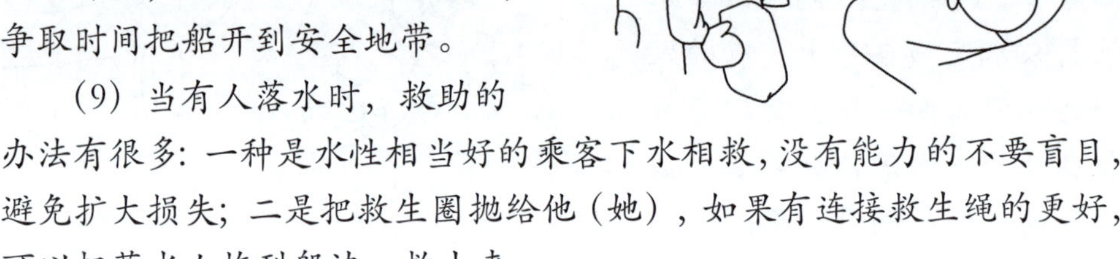

(9) 当有人落水时，救助的办法有很多：一种是水性相当好的乘客下水相救，没有能力的不要盲目，避免扩大损失；二是把救生圈抛给他（她），如果有连接救生绳的更好，可以把落水人拖到船边，救上来。

(10) 当木制船发生翻船事故时，应立即抓住船舷并设法爬到翻扣的船底上；当玻璃纤维增强塑料制成的船只发生事故时，不要将船正过来，要尽量使其保持平衡，避免空气跑掉，设法抓住船只，等待救援。

(11) 如果船上发生火灾，火势无法控制，应立即寻找救生圈、救生衣等救生设备，从船尾逃生。

第五章
交通事故现场紧急救援

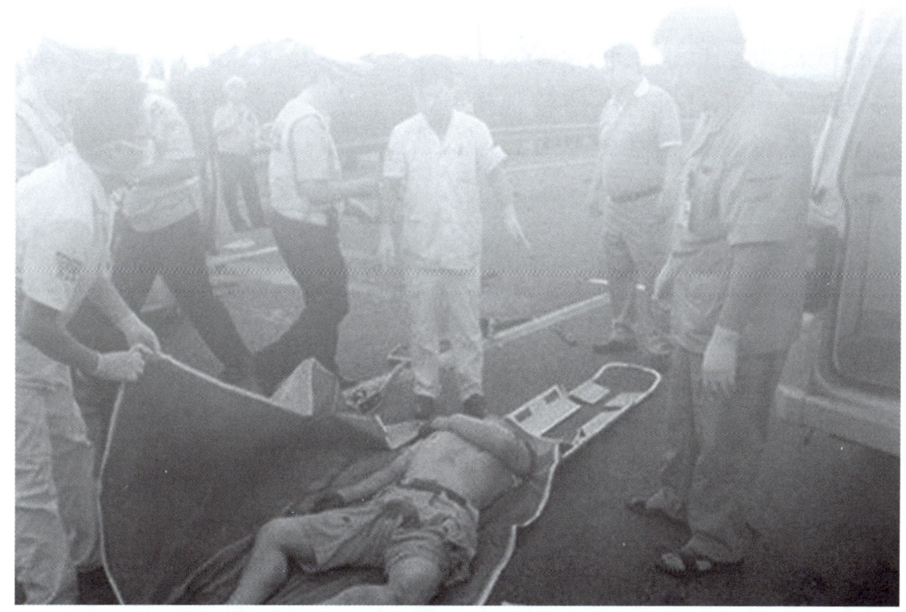

第一节 交通事故现场救援原则
第二节 交通事故现场急救措施
第三节 交通事故发生后如何自救
第四节 交通事故中常见的错误救治方法

第一节 交通事故现场救援原则

一、 人道原则

当事故发生后，救护者必须怀着崇高的人道主义精神，千方百计利用现场一切可利用的条件抢救伤员。救护者应保持冷静、清醒的头脑，使伤员尽快得到现场治疗，并及时呼救，转入后续治疗。

二、 快速原则

在车祸救护工作中，时间就是生命。“快抢、快救、快送”是决定伤员能否自下而上或减少伤残和后遗症的关键。救护人员要珍惜每一秒钟，火速急救，火速护送伤员到医院治疗。

三、 有序原则

交通事故的特点是“伤情复杂、严重、复合伤多”。因此，在抢救中一般应本着“先抢后救”“先重后轻”“先急后缓”“先近后远”的顺序，灵活掌握。首先采取止血，保持呼吸道的通畅，抗休克等措施；第二是处理好内脏器官的损伤；第三是处理好骨折；第四是包扎处理一般伤口。

“自救原则”是车祸现场救护、抢救伤员生命的一条宝贵经验，尤其是对发生在偏僻地区的车祸显得更重要。在车祸现场不能消极等待，要积极采取“自救、互救”措施，充分利用手边的器材以赢得救援时间。

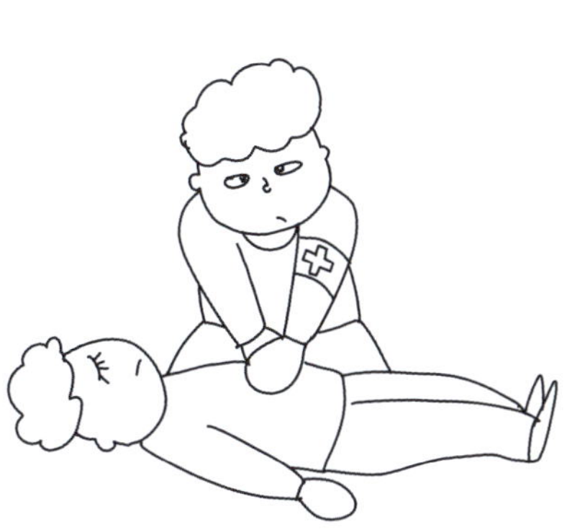

“第一目击者”的义务

发生车祸时，任何“第一目击者”都应该毫不犹豫地参与现场急救，而不应袖手旁观。作为第一目击者，一方面要大声呼唤救援者，拨打120等急救电话呼叫专业急救人员到来；另一方面应利用手边一切可以利用的物体，积极展开救援行动，例如，给伤者做心肺复苏、控制大出血、移开压在伤员身上的物体等。但要注意，急救时不能随便搬动伤员，以免搬动不当加重损伤。

第二节 交通事故现场急救措施

交通事故致严重创伤多为多发性创伤，伤者在高速运行物体撞击下，常受到撞击、惯性、挤压等多种合力的作用，机体会同时或相继发生两处以上较严重创伤。致伤后许多病人易被易发现的创伤所迷惑，而忽略内脏或其他部位损伤，以致早期抢救的忽视或漏诊、误诊，这也是交通事故伤早期死亡的主要原因之一。

交通事故伤早期死亡率高又一主要原因是伤后伤员通气不足、缺氧、大量失血休克、心脑功能障碍，死亡时间于伤后1小时内发生，故有人称创伤后第1小时为“黄金1小时”。常见死亡原因主要为颅脑严重创伤、血气胸、心脏创伤、肝、脾及大血管损伤引起的大出血。其中部分伤员如能接受迅速恰当的早期处理可免于死亡。多发性创伤早期处理原则是保持气道通畅，维护心肺功能，扩充有效血容量等生命支持，及时实施有效手术，可使大量濒临死亡者得以生还。

一、现场急救的宗旨

利用一切可以利用的手段，以最快的速度进行急救和转送，尽可能使伤员能活着到医院，并为进一步治疗创造条件。

二、现场急救的措施

在车祸现场，急救人员必须争分夺秒，迅速除去威胁伤员生命安全的因素，现场急救的关键是气道管理、心肺复苏、包扎止血、骨折固定及安全运送。

1. 气道管理

对昏迷伤员、气道发生阻塞的伤员应使其取仰卧位平躺在通风良好的地方，松开其衣领、内衣、裤等，除去呕吐物、血块、泥草、假牙等口鼻气道阻塞物，用仰头抬颌法解除舌后坠。如还不能保证气道通畅，可插入口咽通气道开放气道。

2. 心肺复苏

一旦确定病人心跳呼吸停止，应立即进行心肺复苏术。心肺复苏操作简单，可由一人或两人完成，其程序为ABC——开放气道（A）、人工呼吸（B）、心脏按压（C）。

3. 包扎止血

明显外出血可用加压包扎止血、指压止血、填塞止血或止血带止血。使用止血带时，必须注明上止血带的时间，以便每小时放松1分钟，防止肢体坏死。

4. 固定和搬运

骨折伤员在搬运前必须得到妥善固定，避免在搬运时增加伤员痛苦和加重损伤。对怀疑有脊柱损伤的伤员（如抛出车外的），搬运时必须十分小心，可采用担架搬运、平抱、平抬搬运或多人搬运法，切忌一人抱头，一人抬脚。转送伤员到医院途中必须严密观察病情。

人工呼吸术和心肺复苏术

一、人工呼吸术

人工呼吸，用于自主呼吸停止时的一种急救方法。通过徒手或机械装置使空气有节律地进入肺内，然后利用胸廓和肺组织的弹性回缩力使进入肺内的气体呼出。如此周而复始以代替自主呼吸。人工呼吸适用于窒息、煤气中毒、药物中毒、呼吸肌麻痹、溺水及触电等患者的急救。

人工呼吸方法很多，有口对口吹气法、俯卧压背法、仰卧压胸法，但以口对口吹气式人工呼吸最为方便和有效。

1. 口对口吹气法

(1) 使病人仰卧、头后仰，将病人的衣领解开，腰带松放。

(2) 清除病人口鼻内的异物和污物，保持呼吸道通畅。

(3) 救护者一只手托起病人的下颌，另一只手捏紧病人的鼻孔，然后深吸一口气，对着病人的口部用力吹入。

2. 口对鼻吹气

如果病人口腔有严重外伤或牙关紧闭时，可对其鼻孔吹气(必须堵住口)，即为口对鼻吹气。救护人吹气力量的大小，依病人的具体情况而定。一般以吹进气后，病人的胸廓稍微隆起为最合适。

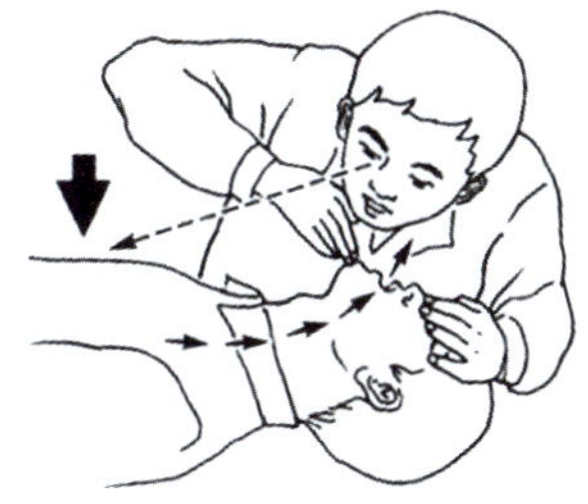
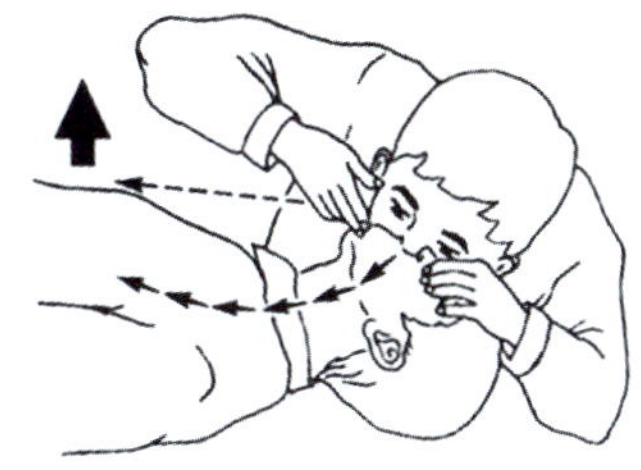

3. 俯卧压背法

此法应用较普遍，但在人工呼吸中是一种较古老的方法。病人取俯卧位，舌头能略向外坠出，不会堵塞呼吸道，能及早进行人工呼吸。气体交换量小于口对口吹气法，但抢救成功率高于以下人工呼吸法。在抢救触电、溺水时，现场多用此法。但孕妇、胸背部有骨折者不宜采用此法。具体操作方法如下。

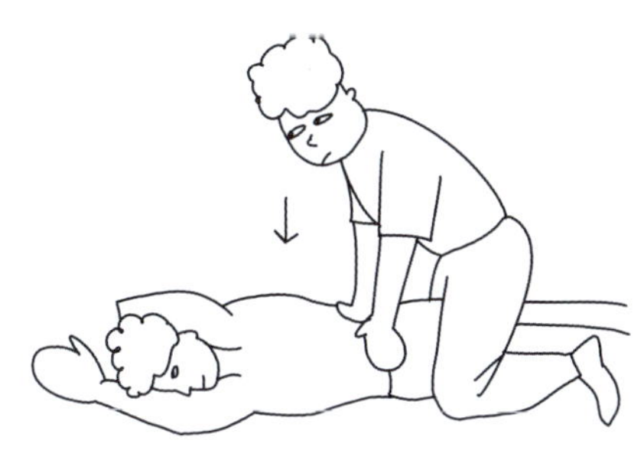
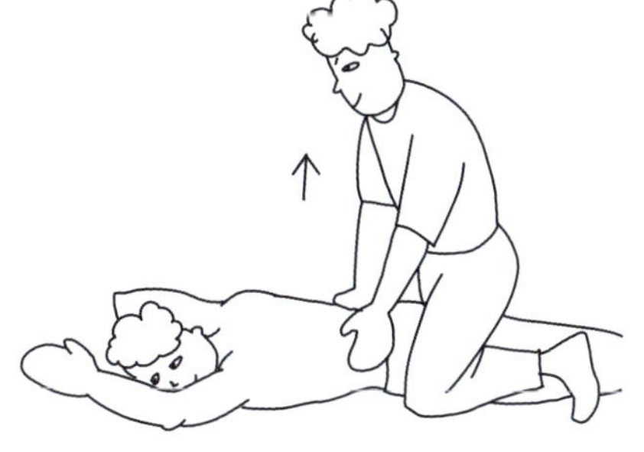

（1）伤病员取俯卧位，即胸腹贴地，腹部可微微垫高，头偏向一侧，两臂伸过头，一臂枕于头下，另一臂向外伸开，以使胸廓扩张。

（2）救护人面向其头，两腿屈膝跪地于伤病员大腿两旁，把两手平放在其背部肩胛骨下角（大约相当于第七对肋骨处）、脊柱骨左右，大拇指靠近脊柱骨，其余四指稍开微弯。

（3）救护人俯身向前，慢慢用力向下压缩，用力的方向是向下、稍向前推压。当救护人的肩膀与病人肩膀将成一直线时，不再用力。在这个向下、向前推压的过程中，即将肺内的空气压出，形成呼气。然后慢慢放松回身，使外界空气进入肺内，形成吸气。

(4) 按上述动作，反复有节律地进行，每分钟 14 ～ 16 次。

4. 仰卧压胸法

此法便于观察病人的表情，而且气体交换量也接近于正常的呼吸量。但最大的缺点是，伤员的舌头由于仰卧而后坠，阻碍空气的出入。所以使用本方法时要将舌头按出。这种姿势，对于淹溺及胸部创伤、肋骨骨折伤员不宜使用。具体操作方法如下。

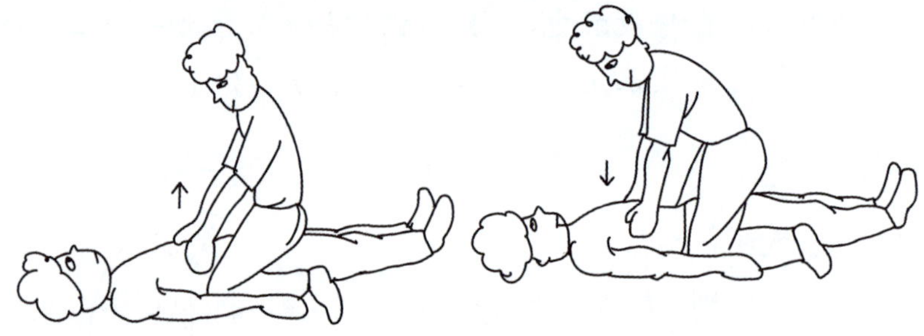

(1) 病人取仰卧位，背部可稍加垫，使胸部凸起。

(2) 救护人屈膝跪地于病人大腿两旁，把双手分别放于乳房下面（相当于第六七对肋骨处），大拇指向内，靠近胸骨下端，其余四指向外。放于胸廓肋骨之上。

(3) 向下、稍向前压，其方向、力量、操作要领与俯卧压背法相同。

二、心肺复苏术

心搏骤停一旦发生，如得不到立即及时地抢救复苏，4 ～ 6 分钟后会造成患者脑和其他人体重要器官组织不可逆的损害，因此心搏骤停后的心肺复苏必须在现场立即进行。

（1）首先一只手按住患者的剑突（也就是心窝）的地方，然后另一只手的手掌跟进靠在第一只手的食指旁，掌跟的位置对准胸骨的中线。

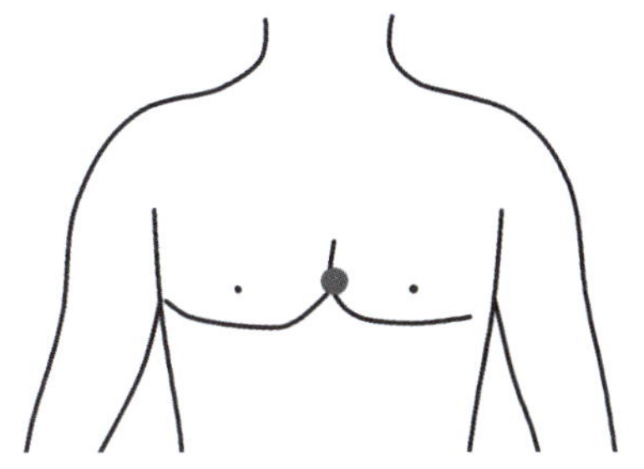

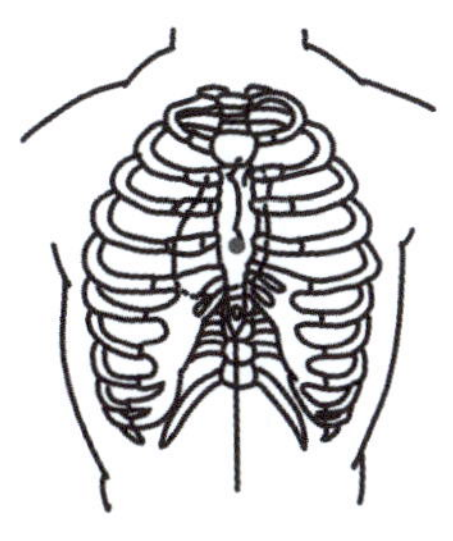

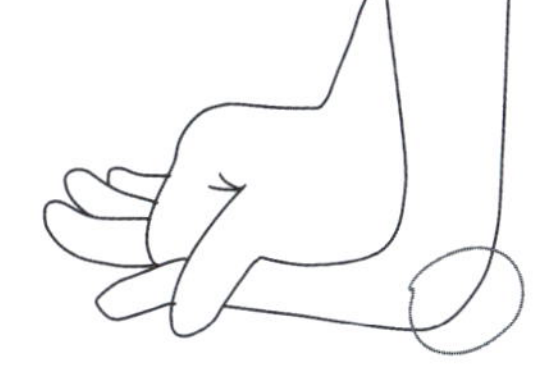

（2）然后等掌跟就位后，另一只手移开心窝的地方，并重叠于第一只手上，将手指略微翘起来，以免压到患者肋骨造成骨折。

（3）施救者跪在患者身旁，将患者双腿打开与肩部保持同宽。然后肩膀在患者胸骨正上方，双臂需伸直，肘关节打直以身体的力量将胸骨下压，每次下压胸骨为 4 ～ 5 厘米，且压力放松时不可移动手的位置。

（4）胸外按摩的速度保持在每分钟 80 ～ 100 次，且连续 15 次按摩后接着进行 2 次人工呼吸。

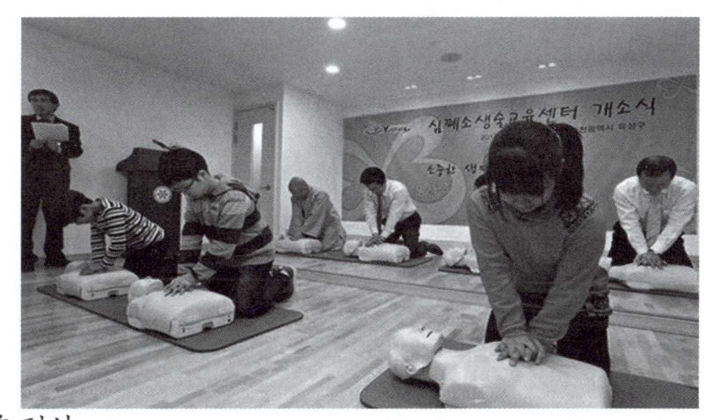

（5）实行 15 ：2（15 次按摩和 2 次人工呼吸）的心肺复苏术，重复检查患者的脉搏，每隔 5 分钟检查一次，直到救护车到达。

(6) 若检查时仍然没有脉搏，则继续进行心肺复苏术，若有脉搏跳动，则检查患者的呼吸。无呼吸时继续采取人工呼吸，有呼吸后则采取复苏姿势。

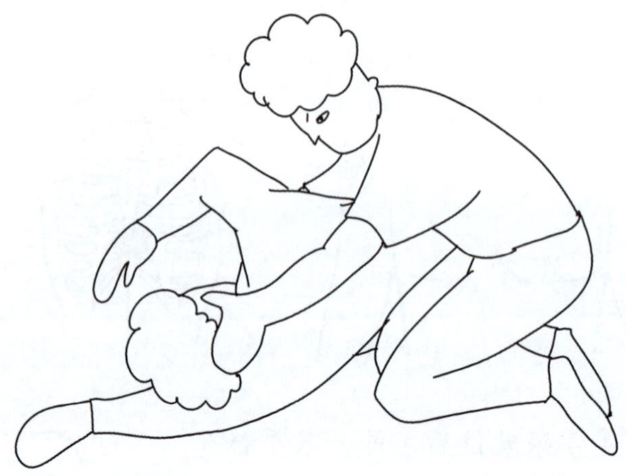

注意：经过培训的人员才能实施上述操作，有条件的学生可以到专门的培训机构学习。

第三节 交通事故发生后如何自救

一、如何止血

外伤后出血分为外出血和内出血，内出血情况较严重，现场无法处理，必须迅速送到医院处理。外出血时如何止血呢？

如果伤口较小，有条件时先用生理盐水冲洗，再用消毒纱布覆盖伤口，用绷带或三角巾包扎。无条件时可用净水器过滤的自来水或消毒后的井水、冷开水清洗伤口，再用干净毛巾或其他软质布料覆盖包扎。

伤口污染后，只要在6小时内进行充分消毒。一般不会化脓，无论是什么原因导致出血，都有发生破伤风的可能，必须立即采取预防措施，处理出血的常用措施有以下几种。

1. 一般止血法

(1) 按压止血。用清洁的布块或毛巾等垫在伤口上，直接按压10～20分钟。

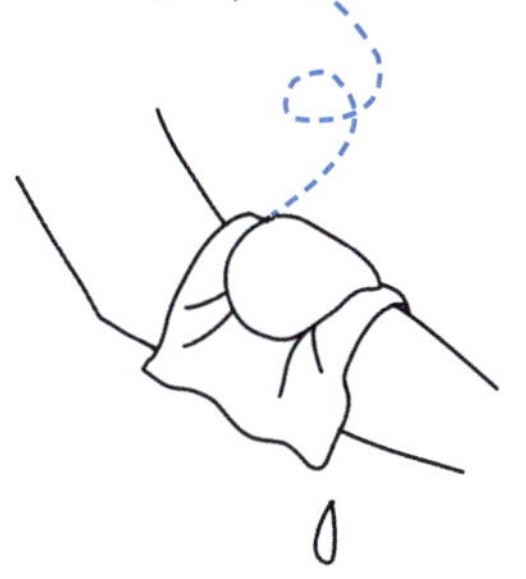

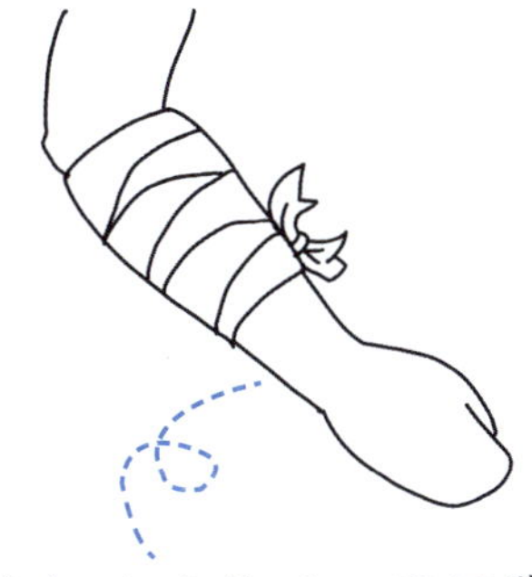

(2) 血止住后。用绷带轻轻包住，不要包太紧。

(3) 不要用脱脂棉花或草纸垫在伤口处，也不能在伤口上涂药物。

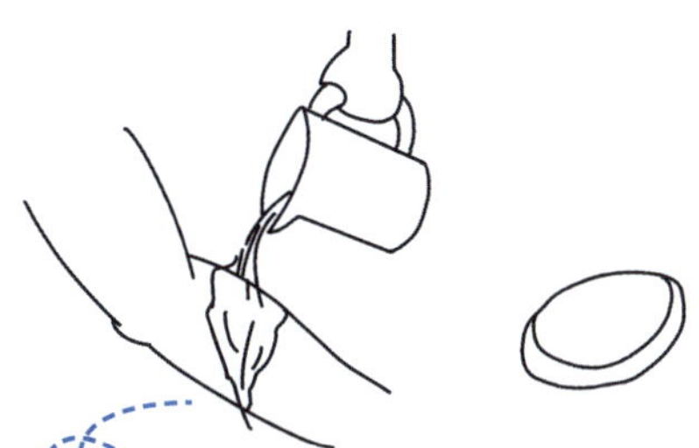

(4) 如果伤口被脏东西污染，首先使用消毒水或冷开水冲洗，不要使用肥皂。

(5) 出血伤口周围的血块、血浆不要擦掉，伤口内的玻璃片等异物不要拔出，应该立即到医院处理。

2. 不同部位的指压止血法

（1）头顶出血：用食指或拇指压迫伤口两侧耳前浅动脉搏动点。

（2）面部出血：一侧脸部出血，用食指或其他四指在脖子总动脉搏动处，压向颈椎方向，不要两侧同时按压。

（3）肩腋部出血：用食指压迫同侧锁骨中点后方的锁骨下动脉搏动处，把其压向深处的第一肋骨。

（4）前臂出血：用一根手指压迫上臂内侧肱二头肌沟处的搏动点。

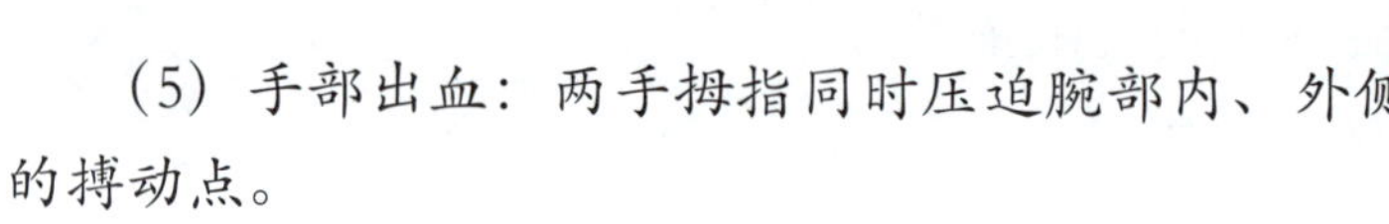

（5）手部出血：两手拇指同时压迫腕部内、外侧的搏动点。

（6）大腿以下出血：自救时双手拇指重叠，用力压迫大腿上端，腹股沟中点稍下方的搏动处。

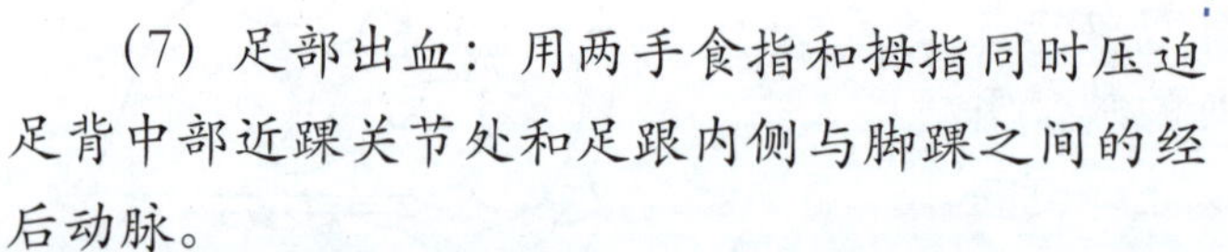

（7）足部出血：用两手食指和拇指同时压迫足背中部近踝关节处和足跟内侧与脚踝之间的经后动脉。

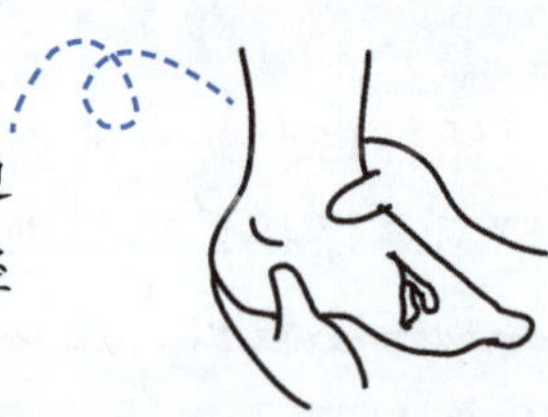

3. 填塞止血法

对于软组织内的血管损伤出血，用无菌绷带或纱布填入伤口内压紧，外面加上大块无菌敷料加压包扎。

4. 加压包扎止血

如果伤口较大、出血较多、需要加压包扎止血。先用纱布等做成垫子，放在伤口的无菌敷料上，再用绷带或三角巾加压包扎，包扎的压力应该适度，以达到止血而又不影响肢体内血液流动为度。对于软组织内的血管损伤出血，用无菌绷带或纱布填入伤口内压紧，外面加上大块无菌敷料加压包扎。

5. 止血带止血

较大的肢体动脉出血，应该使用止血带，用橡胶带、宽布条、三角巾、毛巾等均可。

6. 止血包扎

包扎是医疗救护中的基本技术之一，它直接影响伤病员的生命安全和健康。常用的包扎材料有三角巾和绷带，也可以用其他材料代替。以下是包扎方法，应根据受伤部位不同而采用不同方法。

(1) 头部包扎：把三角巾折叠成两层约二指宽，放在前额齐眉以上。顶角拉向后颅部。三角巾两底角经过两耳上方，拉向枕后。先做一个半结，压紧顶角，将顶角塞进结里。然后再将左右底角在前额打结。

(2) 面部包扎：在三角巾顶处打结，套在下颌部，底边拉向枕部。上提两底角，拉紧并交叉压住底边，再绕到前额打结，包完后在眼、口、鼻处剪开小孔。

(3) 胸肩部包扎：取燕尾巾两条，底角打结相连，将连接处置于一侧腋下肋部，另外两个燕尾底边角围绕胸背部在对侧打结，然后把胸肩燕尾的左右两角分别拉向两肩部打结。

(4) 膝关节包扎：三角巾顶角向上盖在膝关节上，底边反折向后拉，左右交叉后再向前拉到关节上方。

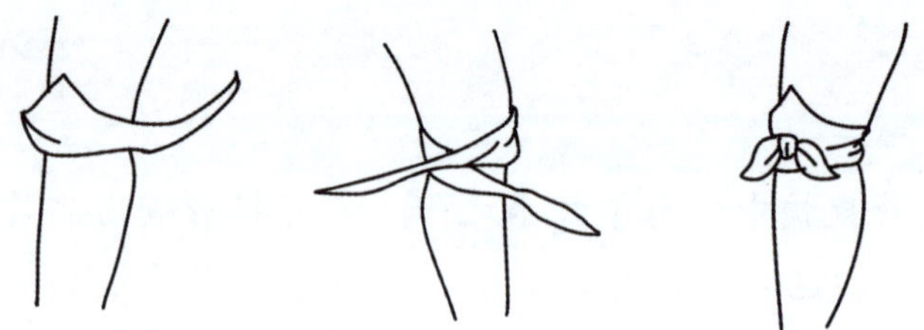

(5) 手、足包扎：手心或脚心向下放在三角巾上，手指或脚趾指向三角巾 顶角，两底角拉向手背或足背，左右交叉压住顶角，绕手腕或踝部打结。

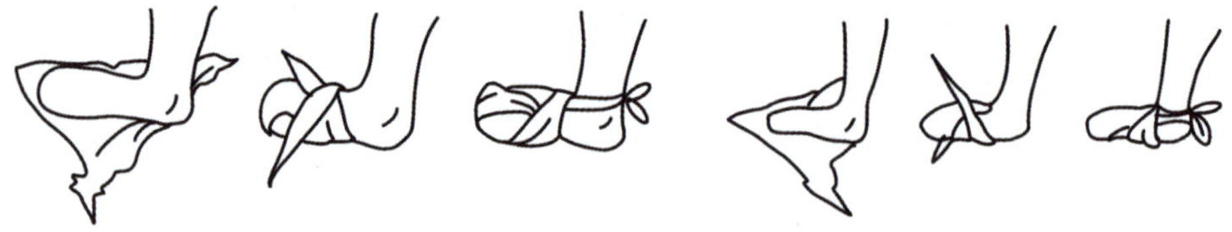

二、发生骨折

1. 初步检查，包扎伤口

如果伤口出血，应先止血，然后包扎。

2. 妥善固定

固定伤骨可用木板、杂质、纸箱、伞等作支撑物，不要试图自己扭动或复位。固定夹板应扶托整个伤肢。

3. 迅速而平稳的转移

如果是脊柱等关键部位骨折，一定要保持患者的身体水平移动，不可弯腰，使患者平躺在硬板床上，并且用大型急救车送医院救治，不能用帆布、绳索等担架运送。如果处理不当，可造成脊髓神经损伤，导致截瘫，后果不堪设想。

三、头部创伤

在交通事故死亡者中，头部外伤占半数以上，而 60% ～ 70% 死于伤后 24 小时内，有相当一部分是因为急救不力造成的。掌握一些急救知识能帮助受伤者转危为安。

1. 头部外伤的表现

（1）头皮裂伤　头皮血管丰富，受伤后出血较多，易形成血肿和失血性休克。给予止血包扎即可。

（2）颅脑挫裂伤　颅内出血、颅骨骨折，病人常神志不清，瞳孔一大一小，剧烈呕吐，抽风，瘫痪，情况很严重。

2. 急救措施

(1) 首先检查伤者是否有重度头部外伤，查看病人神志、瞳孔、呼吸、脉搏等。最好让伤者侧卧，头后仰，保证呼吸道通畅。

呼吸停止者立即口对口吹气，心跳停止时行心脏按压，同时给急救中心打电话请求抢救。

(2) 如头部出血较多，用加压包扎法止血。发现鼻孔、耳朵“滴滴拉拉”流血或流淡红色液体，说明是脑脊液外漏，病情严重。一定让伤者平卧，受伤的一侧向下，不可堵塞耳鼻，以免引起颅内感染。如果喉、鼻等大量出血，要保持头侧位以防窒息。

(3) 如有脑组织从伤口脱出时，不能加压，以免加重损伤，最好用消过毒的碗扣在脱出部位再包扎。

(4) 头部外伤后有头痛头晕、短暂的神志不清说明脑挫伤尚轻，如果出现瞳孔放大、偏瘫、抽风、昏迷，那就是中度以上的脑挫伤。脑挫伤病人一旦出现频繁呕吐、头痛剧烈、神志更加不清，这说明脑压高，需做紧急脱水治疗，速送医院急救。

(5) 头部外伤需做头颅CT检查，明确有无脑内出血和骨折，其中许多病人需要做开颅手术来挽救生命。所以，一定要把颅脑外伤的病人尽快送到有神经外科的专科医院抢救，以免来回转院耽误时间。

四、胸部外伤

由于人们在乘车时的位置关系，交通事故所致胸部外伤的比例也非常高。胸腔内有人体的重要脏器心脏、肺脏、大血管。车祸所致的血胸、气胸和肋骨骨折发生率高，如不及时抢救，也会很快危及生命。

1. 主要临床表现

(1) 休克：严重的胸部外伤常发生休克。

(2) 呼吸困难：血胸、气胸、多根肋骨骨折造成的通气障碍和反常呼吸。

(3) 咯血：提示有严重的肺损伤和气管、支气管损伤。

(4) 开放性气胸：有开放伤口，出现呼吸困难、青紫并逐渐加重。

2. 急救措施

(1) 开放性气胸尽快用无菌纱布封闭伤口，同时给予吸氧。尽早送医院手术治疗。

(2) 清除呼吸道的血及分泌物，保持呼吸道通畅，呼吸停止时进行人工呼吸。

(3) 出现休克表现时给予抗休克治疗。

(4) 送医院时，胸部外伤患者以半坐位为好。

(5) 肋骨骨折时给予包扎固定。

五、腹部脏器损伤

1. 症状

病人感到腹部持续性痛，阵发加剧，不敢深呼吸，腹壁紧张如板状，并出现症状如恶心、呕吐、呕血甚至失血性休克。要考虑有腹腔脏器（如胃、肠）破裂。引起腹膜炎，或实质性脏器（如肝、脾、肾）破裂出血。

2. 急救措施

避免进食、饮水或用止痛剂，速送往医院诊治。

注：交通事故中严重的创伤包括头部、胸部、腹部脏器损伤，需要在具备专业技能才能参与救护。在此家长和学生了解一些相关知识可帮助识别并及时报告急救中心，缩短抢救时间。

1. 主要原因

(1) 机械性窒息：因机械作用引起呼吸障碍，如缢、绞、扼颈项部、异物堵塞呼吸孔道、压迫胸腹部以及患急性喉头水肿或食物吸入气管等造成的窒息。

(2) 中毒性窒息：如一氧化碳中毒，大量的一氧化碳由呼吸道吸入肺，进入血液，与血红蛋白结合成碳氧血红蛋白，阻碍了氧与血红蛋白的结合与解离，导致缺氧造成的窒息。

(3) 病理性窒息：如溺水和肺炎等引起的呼吸面积的丧失；脑循环障碍引起的中枢性呼吸停止；新生儿窒息及空气中缺氧的窒息（如关进箱、柜内，空气中的氧逐渐减少等）。其症状主要表现为二氧化碳或其他酸性代谢产物蓄积体内引起的刺激症状和缺氧引起的中枢神经麻痹症状交织在一起。

2. 症状表现

呼吸极度困难，口唇、颜面青紫，心跳加快而微弱，病人处于昏迷或者半昏迷状态，发绀明显，呼吸逐渐变慢而微弱，继而不规则，到呼吸停止，心跳随之减慢而停止。瞳孔散大，对光反射消失。

3. 急救办法

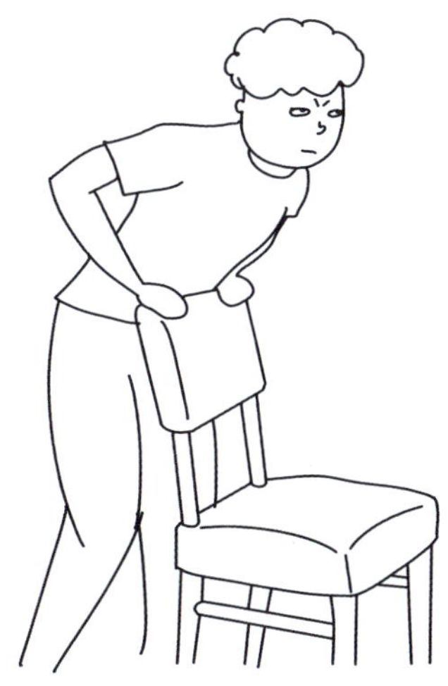

首先要迅速叫救护车。在等待救护车的同时，需要采取以下措施：让患者身体前倾，用手掌用力拍患者后背两肩中间的位置。如果不奏效，则需要站在患者身后，用拳头抵住患者的腹背部，用另一只手握住那个拳头，上下用力推进推出五次，帮助患者呼吸。

异物堵住呼吸道的患者也可以采取这样的自救措施：将自己的腹部抵在一个硬质的物体上，比如厨房台面，然后用力挤压腹部，让卡在喉咙里的东西弹出来。

第四节 交通事故中常见的错误救治方法

一、搬运伤员的方法

首先要做的是判断伤者是否意识清醒，可不可以答应喊话。如果伤者意识清醒，应询问他（她）伤在哪里或哪个地方痛。

误区：只想尽快从车上将伤者抬出来移到适合的地方，殊不知，随意搬动骨折伤者可能造成伤者脊髓损伤和瘫痪。

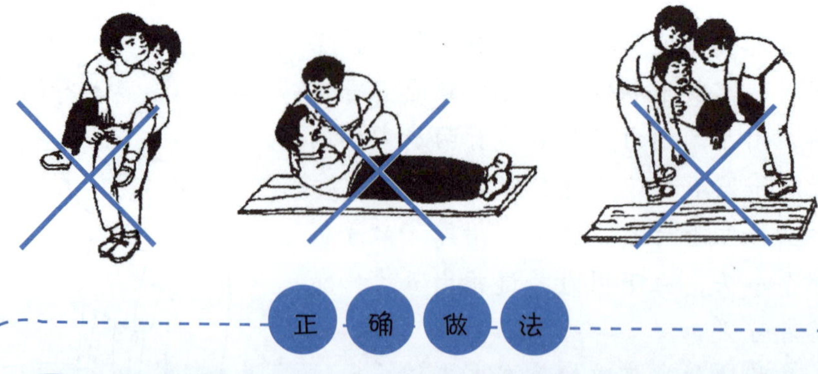

正确做法

对腰部、颈部骨折的伤者，应该多找几个人来，一起动手将其平拖出来，然后平放在地上；对昏倒在座椅上的伤者，安放颈托后，将其头部和躯干一起固定在靠背上，然后拆下座椅，与伤者一起搬出；对于四肢骨折者，不要随意动其骨折部位，可就近寻找木棍、竹竿等固定物，将其和伤者的骨折部位绑在一起；在转运伤者时，应尽量让其保持平卧姿势，让其头朝车尾、脚朝车头。

二、出血的处置方法

误区：拿纸去捂车祸伤者的出血口或用绳子紧紧将出血部位以上的地方捆住。殊不知，纸张止血会造成血液粘连等现象，给医生的后期处置带来麻烦，而用绳子捆住止血会使出血的部位失血，因而造成肌肉坏死。

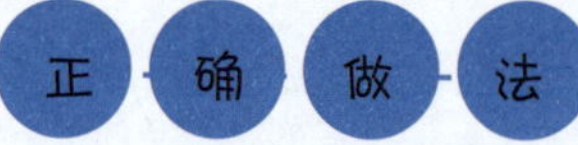

用毛巾、手帕等干净的东西用力压迫出血部位，等待医生到来。

三、昏迷的处置方法

误区：不停摇晃呼喊伤者。

对于呼吸不好、脉搏很微弱的危重昏迷病人，可以立即对其进行胸外压和人工呼吸。做人工呼吸时，注意要看伤者口腔是否通畅。如有污物要及时清理出去，如发现伤者在呕吐，要将其头偏向一旁，有利于伤者把呕吐物排出来，防止窒息。人工呼吸要注意捏住伤者的鼻子往其嘴里吹气，胸外压的做法是跪在伤者身旁，双手压迫其左侧乳头区（心脏部位），压 5 次人工呼吸 1 次。

面对喊不醒但脉搏正常稳定的伤者，将其从车里抬出来，平放在地上，等专业医生到来即可。

四、有物品刺入身体的处置方法

当有物体刺入体腔或肢体时，不要将其拔出。因为有时戳入的物体正好刺破血管，物体能够暂时起填塞止血作用，而一旦现场拔除，可能会招致大出血而来不及抢救。

应该保留刺入物靠近体表的一段，并用消毒棉花对周围的伤口进行涂抹。

五、有耳鼻溢液的处置方法

如有颅骨骨折时，应将伤员平放，头稍垫高。如果有耳鼻溢液，千万不可以加压填塞，应尽快送往医院进一步处理。

第六章
道路交通事故发生后的处理

第一节 道路交通事故发生后

发生交通事故后应立即停车，及时报案，并保护好现场，若有伤者，还应该积极抢救伤者或财物，做好防火防爆措施，交警到场后，协助现场调查取证。

一、立即停车

车辆发生交通事故时必须立即停车。停车以后按规定拉紧手制动，切断电源，开启危险报警闪光灯，如夜间事故还需开示宽灯、尾灯。在高速公路发生事故还须在车后按规定设置危险警告标志。

二、及时报案

报警内容：
①事故时间、地点及单位；
②化学品名称和泄漏量；
③事故性质（外溢、爆炸、火灾）；
④危险程度及有无人员伤亡；
⑤报警人姓名及联系电话。

当事人在事故发生后应及时将事故发生的时间、地点、肇事车辆及伤亡情况。打电话或委托过往车辆、行人向附近的公安机关或执勤交警报案，在警察来到之前不能离开事故现场，不允许隐匿不报。在报警的同时也可向附近的医疗单位、急救中心呼救、求援。

如果现场发生火灾，还应向消防部门报告。“交通事故报警”“急救中心”“火灾报警”的全国统一呼叫电话号码分别为“122”“120”“119”。当事人需得到对方明确答复方能挂机，并立即回到现场通报联系情况、等候救援及接受调查处理等。

事故报警的及时与正确是能否及时实施应急救援的关键。

三、保护现场

保护现场的原始状态，包括其中的车辆、人员、牲畜和遗留的痕迹、散落物不随意挪动位置。当事人在交通警察到来之前可以用绳索等设置保护警戒线，防止无关人员、车辆等进入，避免现场遭受人为或自然条件的破坏。为抢救伤者，必须移动现场肇事车辆、伤者等，应在其原始位置做好标记，不得故意破坏、伪造现场。

四、抢救伤者或财物

当事人确认受伤者的伤情后，能采取紧急抢救措施的，应尽最大努力抢救，包括采取止血、包扎、固定、搬运和心肺复苏等。并设法送就近的医院抢救治疗，除未受伤或虽有轻伤本人拒绝去医院诊断外，一般可以拦搭过往车辆或通知急救部门、医院派救护车前来抢救。对于现场散落的物品及被害者的钱财应妥善保管，注意防盗防抢。在有可能发生大火、爆炸的险情时，应及时采取措施排除。

五、做好防火防爆措施

事故当事人还应做好防火防爆措施，首先应关掉车辆的引擎，消除其他可能引起火警的隐患。事故现场禁止吸烟，以防引燃泄漏的燃油。载有危险物品的车辆发生事故时，危险性液体、气体发生泄漏，要及时将危险物品的化学特性，如是否有毒、易燃易爆、腐蚀性及装载量、泄漏量等情况通知警方及消防人员，以便采取防范措施。

六、协助现场调查取证

在交通警察勘察现场和调查取证时，当事人必须如实向公安交通管理机关陈述交通事故发生的经过，不得隐瞒交通事故的真实情况，应积极配合协助交通警察做好善后处理工作，并听候公安交警部门处理。

第二节

道路交通事故肇事逃逸

交通肇事逃逸是指机动车驾驶员在发生交通事故的同时，擅自逃离事故现场，使交通事故所引起的民事、刑事、行政责任无法确定，其目的在于推卸、逃脱责任的行为。

一、肇事逃逸的认定

首先，交通肇事逃逸的前提条件是“为逃避法律追究”，但是交通肇事逃逸并没有时间和场所的限定，不应仅理解为“逃离事故现场”，对于肇事后未逃离（或未能逃离）事故现场，而是在将伤者送至医院后或者等待交通管理部门处理的时候逃跑的，也应视为“交通肇事后逃逸”。

除此之外还有以下几种情形，也构成肇事逃逸：

1. 交通事故当事人有酒后和无证驾车等嫌疑，报案后不履行现场听候处理义务，弃车离开事故现场后又返回的；

2. 交通事故当事人虽将伤者送到医院，但给伤者或家属留下假姓名、假地址、假联系方式后离开医院的；

3．交通事故当事人离开现场且不承认曾发生交通事故，但有证据证明其应知道发生交通事故的；

4．经协商未能达成一致或未经协商给付赔偿费用明显不足，交通事故当事人未留下本人真实信息，有证据证明其是强行离开现场的。

以上几种行为也可以认定为肇事逃逸行为，并在一些情况下可以追诉肇事者的刑事责任。

二、肇事逃逸后的处罚

根据《中华人民共和国道路交通安全法》、《中华人民共和国刑法》和《交通事故处理程序规定》的相关规定，发生交通事故后逃逸的，如果尚未构成犯罪，公安机关交通管理部门可以对其处以200元以上，2000元以下罚款的行政处罚。并由公安机关交通管理部门吊销机动车驾驶证，且终生不得重新取得机动车驾驶证。机动车驾驶证核发地车辆管理所将对其终生不得重新获取机动车驾驶证的决定记入全国公安交通管理信息系统备案。

肇事后逃逸已构成交通肇事罪的，将受到3年以上7年以下有期徒刑的刑事处罚。如果因逃逸致使人死亡的，将受到7年以上有期徒刑的处罚。

三、遭遇肇事逃逸后如何处理

1. 记录车辆信息

尽可能全面地记录对方的车型、颜色、车牌信息，信息量越全越好。

2. 可以跟随但别盲目追赶

如果对方企图逃逸，不要盲目追赶，此时逃逸驾驶员的情绪紧张又冲动，不管不顾的情况下极易将小摩擦演变成大事故。当然也并不是就完全放弃认倒霉，在不违反交通法规且绝对保证安全的情况下，可以跟随肇事车辆，期间反复确认车辆信息，同时记录途经路线。

3. 不要出现过激行为

无论什么情况下都一定不要用危险的方式逼停对方，防止被肇事车“碰瓷”反咬一口，也避免由于仓促中违章或发生事故使自己处于被动的状态，更不要做出拦车等危险举动，避免自己受到伤害。如果条件允许，可以在靠近肇事车辆时示意其停车等。

4. 要学会保护自己

如果身处比较偏远、人员稀少或是自己不熟悉的区域，尤其是光线不好的夜晚，出于安全方面的考虑，建议不要盲目追赶，防止一些团伙作案，威胁自己的人身财产安全。

5. 确认信息尽快报警

若事故发生在一些车流量较大的区域，人车混行可能会造成我们无法跟上肇事车，这时候一定不要穷追不舍，确认车辆信息和肇事车走向以后，选择到路边安全区域报警。如果还有同行人员，可以在肇事逃逸后就立刻报警。

一般交通肇事可以拨打122，也可以拨打110进行报警。接警平台的工作人员会负责记录我们事故的相关信息，然后转给对应管辖区域的交通支队进行处理，所以报警人此时一定要用简单清晰的方式告诉接警人员事故发生的时间、地点、简单经过、对方车辆信息以及现状等，信息量尽量全，但表述尽量简洁。

一般在报警后几分钟之内，会有事发地交通队的工作人员与我们联系，因此报警时使用的电话需要保持畅通。当我们来到交通队之后，事故中记录的点滴信息就派上用场了，如果车牌号记录完整，事发当时又有监控视频，肇事车很快就能够找到。即便肇事车辆的信息没有记录完整，大概车型、颜色、车牌开头和尾号、行驶的途经路段都可以成为查找线索，因此信息量越多，查找难度就越小。